KB193889

금강경
약소

즐거운지식 35

손에 쥐는 金剛經

금강경
약소

김호귀 역

이담
Books

차 례

佛說金剛般若波羅蜜經略疏 卷上

佛說金剛般若波羅蜜經略疏 卷下

佛說金剛般若波羅蜜經略疏

唐 至相寺 沙門 智儼 述

당나라 지상사의 지엄스님이 서술하다.

佛說金剛般若波羅蜜經略疏　卷上
불설금강반야바라밀경약소　권상

唐 至相寺 沙門 智儼 述

당나라 지상사의 사문 지엄이 서술하다

【약소】將欲釋文先於文首作五門分別。一明教興所由。二明藏攝分齊。三明教下所詮宗趣及能詮教體。四釋經題目。五分文解釋

　장차 경문을 해석하는 데 있어 먼저 경문의 첫머리에 5문으로 분별한다.

　첫째는 금강경의 가르침이 발생한 연유를 설명한다.

　둘째는 금강경이 속해 있는 경전의 분제를 설명한다.

　셋째는 금강경 속에 들어있는 所詮의 宗趣 및 能詮의 教體를 설명한다.

　넷째는 경전의 제목을 해석한다.

　다섯째는 경문을 나누어 해석한다.

【약소】初教興所由者金剛般若波羅蜜經者蓋是實智之美稱。眞德之通號。宗本沖寂神凝湛一。獨曜幽原圓明等覺。含暉至朗而泯於分別。冥津玄曠而隱於緣數。斯乃可謂衆生之本際涅槃之圓旨。因緣之實性法界之說府。是知眞性虛融。斯無不在一言。無所不攝殊說。更無異盈但爲聖化隨機明教門非一。爲進初心菩薩爰引根熟聲聞。遂分張別分以成空文堅固之教矣

1. 금강경의 가르침이 발생한 연유를 설명한다[1]

첫째로 '금강경의 가르침이 발생한 연유'라는 것은 금강반야바라밀경은 대개 實智의 美稱이고 眞德의 通號이다. 종지의 근본은 沖寂하고 神凝은 湛一하여 獨曜가 幽原하고 圓明이 等覺하다. 至朗을 含暉하면서도 分別이 없고, 玄曠을 冥津하면서도 緣數를 감추고 있다. 이에 곧 중생의 本際이고 열반의 圓旨이며, 인연의 실성이고 법계의 說府라 할 만하다. 이로써 眞性은 虛融하여 一言에 없지 않으면서도 殊說을 포섭하지 않은 바가 없는 줄을 안다.

그리고 특별히 어느 것을 펼쳐보이지는 않지만 단지 성스러운 교화가 근기에 따르기 때문에 敎門이 일정하지 않을 뿐이다. 이것은 초심보살을 노력케 하여 근숙성문으로 나아가게끔 하려는 것이다. 이 때문에 마침내 경문을 내세워 그것을 분별함으로써 공을 성취시키고 경문의 가르침을 공고히 하려는 것이다.

【약소】第二藏攝分齊者有三。一約一乘二約三乘三約自
　　　　部種類。此經所爲名同小乘。所有法門主件不

具。所述文義唯局一法。唯説理門遂其解行。以
此爲驗非即一乘。若從所流皆依一起。

2. 금강경이 속해 있는 경전의 분제를 설명한다

둘째로 '금강경이 속해 있는 경전의 분제를 설명한다.'라
는 것은 여기에 세 가지가 있다.

처음은 일승의 입장에서, 둘은 삼승의 입장에서, 셋은 반
야부의 종류를 들어 각각 경전의 분제를 설명한다.

처음은 이 경전은 그 명칭이 소승과 같고, 그 법문도 主
伴이 갖추어져 있지 않으며, 서술되어 있는 경문의 뜻도
오직 一法에만 국한되어 있고, 그 理門도 오직 解行만 설
하고 있다. 때문에 이것은 증험이 될 뿐이지 一乘에 즉한
것은 아니다. 그러므로 만약 진체적인 흐름에서 파악하자면
모두 일승에 의하여 일어난 것이라 해야 할 것이다.

【약소】第二約三乘辨者有二。第一所詮三故藏即爲三。
第二所爲二故藏即爲二。所詮三者一謂定學是修
多羅藏所詮。二謂戒學是毘那耶藏所詮。三謂慧
學是阿毘達摩藏所詮。此經是修多羅藏所攝。第

二門者一小乘藏二大乘藏。亦言二乘及以三乘。
云三乘者有二義。一約根辨三人同依一法故。二
約法辨對三人所軌故。此經卽是大乘三藏所攝也。

둘은 삼승의 입장에서 변별하는 데에도 두 가지가 있다.

그 하나는 所詮에 세 가지가 있으므로 경장도 세 가지가
된다.

그 둘은 所爲에 두 가지가 있으므로 경장도 두 가지가
된다.

所詮의 세 가지라는 것은 처음은 定學인데 이것은 수다
라장의 所詮이고, 둘은 戒學인데 이것은 비나야장의 所詮
이며, 셋은 慧學인데 이것은 아비달마장의 所詮이다. 이
금강경은 수다라장에 해당된다.

所爲의 두 가지라는 것은 처음은 소승장이고, 둘은 대승
장이다. 이것은 또한 二乘이라고도 하는데 결국은 三乘을
가리키는 것이다.

삼승이라는 것에도 두 가지가 있다.

하나는 근기에 의거하여 설명한 것으로 세 종류의 사람
이 똑같이 一法에 의지하는 것이다.

둘은 법에 의거하여 설명한 것으로 세 종류의 사람에 대
한 所軌이다.

이런 점에서 금강경은 대승경전으로서 삼장을 포함한다.

【약소】第三自部種類相攝者。般若經依梵本三十萬偈譯
成六百卷。總作十六會說處別有四。前六會同王
舍城鷲峰山說次三會同在室羅筏誓多林給孤獨園
說。次一會他化自在天說。次四會還同前誓多林
說。次一會同前鷲峰山說。次一會在王舍城竹林
園白鷺池側。說此金剛般若經當第九會說。梵本
有三百偈今成一卷。亦無別品。若準說經依處之
義理亦不同。初依處者王舍城說舉教自在敵非顯
德義靜相勝故也。第二處者表顯化生分齊臨機濟
危拔苦之相也。第三處者顯處校量明教尊勝覆蔭
決定故也。第四處者顯教自在防非顯德衆義建
立。亮神之所津潤之狀相也

3. 금강경 속에 들어있는 所詮의 宗趣 및 能詮의 敎體를 설명한다

셋째로서 먼저 반야부의 종류를 들어 각각 경전의 분제
를 설명한다.

반야경은 범본 30만 게송에 의하여 번역한 것으로 600권
으로 이루어져 있다. 모두 16회에 걸쳐 설해진 것으로서

그 장소만도 네 곳이 있다.

앞의 6회(제1회 - 제6회)는 모두 왕사성 취봉산에서 설법한 것이다.

다음 3회(제7회 - 제9회)는 모두 실라벌 서다림의 급고독원에서 설한 것이다.

다음 1회(제10회)는 타화자재천에서 설한 것이다.

다음 4회(제11회 - 제14회)는 다시 앞의 실라벌 서다림에서 설한 것이다.

다음 1회(제15회)는 앞의 취봉산에서 설한 것이다.

다음 1회(제16회)는 王舍城 竹林園 白鷺池의 물가에서 설한 것이다.[2]

따라서 이 금강반야경의 설법은 제9회에 해당한다. 범본의 300게송은 지금의 금강경 1권으로 성립되었으며, 또한 품도 나뉘어있지 않다. 만약 說經을 依處의 뜻에 준해서 본다면 그 理도 또한 같지가 않다.

첫째의 依處인 왕사성에서의 설법은 敎가 자재함을 들어 덕을 드러냄에 대적할 바가 없다고 하였다. 이것은 뜻[義]이 깊고[靜] 작용[相]은 뛰어나기[勝] 때문이다.

둘째의 依處는 化生의 분제를 드러내어 근기에 따라서 위험에서 건져주고 고통을 없애주는 것이다.

---

2) 이와 더불어 현장삼장이 번역한 『마하반야바라밀다경』 600권 275품의 4處 · 6轉 · 16會의 설법의 구성은 다음과 같다.

셋째의 依處는 處의 校量을 드러냄으로써 敎의 尊勝을
설명하여 覆蔭을 결정하기 때문이다.

넷째의 依處는 敎의 자재함을 드러내어 그릇됨을 방지하
고 덕을 드러내어 여러 가지 뜻을 건립하는 것이다. 진실로
신통스런 것에 다가가는 것 곧 깨침으로 나아가는 길이고
교화를 행하는 모습 곧 중생을 제도하는 길이다.

【약소】 第三敎下所詮宗趣及能詮敎體者有二。一總明宗
趣。此經卽用三種般若。一實相般若二觀照般若
三文字般若。所以知者爲下經文具明理行及敎三

法會次第	名目	卷數	卷次	品數	同本異譯	說處
1	初分	400	1 – 400	79	無	靈鷲山
2	第二分	78	401 – 478	85	大品般若	靈鷲山
3	第三分	59	479 – 537	31	無	靈鷲山
4	第四分	18	538 – 555	29	小品般若	靈鷲山
5	第五分	10	556 – 565	24	無	靈鷲山
6	第六分	8	566 – 573	17	勝天王般若	祇園精舍
7	曼殊室利分	2	574 – 575	1	文殊般若	祇園精舍
8	那伽室利分	1	576	1	濡首般若	祇園精舍
9	能斷金剛分	1	577	1	金剛般若	祇園精舍
10	般若理趣分	1	578	1	實相般若	他化自在天宮
11	布施波羅蜜多分	5	579 – 583	1	無	祇園精舍
12	淨戒波羅蜜多分	5	584 – 588	1	無	祇園精舍
13	安忍波羅蜜多分	1	589	1	無	祇園精舍
14	精進波羅蜜多分	1	590	1	無	祇園精舍
15	靜慮波羅蜜多分	2	591 – 592	1	無	靈鷲山
16	般若波羅蜜多分	8	593 – 600	1	無	竹林精舍

義故。第二別明宗趣者有五義。第一教義相對用
教爲宗以義爲趣。第二因果相對以因爲宗用果爲
趣。爲下文中所住及修行幷調伏並約成因行義
故。第三人法相對者用法爲宗以人爲趣爲依法成
佛故。第四理事相對者以理爲宗用事爲趣。第五
境行相對以境爲宗以行爲趣立境教欲成其行故
也。第二能詮教體者若約一乘以唯識眞如爲體。
不可以分別智知故。若約三乘有二義一同小乘教
二同一乘教。具如經論

셋째로 금강경 속에 들어있는 소전의 종취 및 능전의 교
체 등 두 가지가 있다.

3. - I. 총체적으로 宗趣를 설명한다

첫째, 총체적으로 宗趣를 설명하는 것이다. 이 금강경은
그 작용에 3종반야가 있다.
하나는 실상반야이다.
둘은 관조반야이다.
셋은 문자반야이다.
때문에 知者는 이하의 경문에서 理와 行과 敎의 세 가

지 뜻을 자세하게 설명하고 있다.

다음으로 宗趣를 특별히 설명하자면 다섯 가지 뜻이 있다.

하나는 敎와 義의 상대이다. 이것은 敎를 宗으로 삼고 그 義로써 종취를 삼는 것이다.

둘은 因과 果의 상대이다. 이것은 因으로 宗을 삼고 果를 가지고[用] 종취를 삼는 것이다.

셋은 人과 法의 상대이다. 이것은 法을 가지고[用] 宗을 삼고 人으로 종취를 삼는다. 왜냐하면 법에 의거하여 성불하기 때문이다.

넷은 理와 事의 상대이다. 이것은 理로써 宗을 삼고 事를 가지고[用] 종취를 삼는다.

다섯은 境과 行의 상대이다. 이것은 境으로써 宗을 삼고 行으로 종취를 삼는다. 왜냐하면 敎를 성취하려면 그 行이 필요하기 때문이다.

3. - Ⅱ. 能詮의 敎體를 설명한다

둘째, 能詮의 敎體에 대해서는 만약 일승으로 보자면 유식의 진여를 敎體로 삼고 있다. 왜냐하면 그것은 분별지로는 알 수 있는 바가 아니기 때문이다.

만약 삼승으로 보자면 두 가지 뜻이 있다.

하나는 소승교와 같은 教體이다.

둘은 일승교와 같은 教體이다.

자세한 것은 경론의 내용과 같다.

【약소】第四釋經題目者佛說金剛般若波羅蜜經 元魏三藏
留支譯 (音釋)琳音云。正梵音嚩折羅此翻云金剛。
般若。般本梵音云鉢(二合)囉取羅字上聲兼轉
舌。其二合者兩字各取半音合爲一聲。古云般者
訛略也。若(而者反)正梵音枳(音雞以反)孃(取上聲
二合)合爲一聲(守護國界經咒云枳孃唐言智慧或
云正了知)古云若略也。波羅蜜。波正梵音應云播
(波箇反引聲)羅正梵音應云囉(取羅上聲轉舌呼之)
蜜多正云弭多(弭迷以反)具足應言嚩折囉鉢囉(二
合)枳孃(二合)播(二)羅弭多素怛纜佛者此旣三乘教
故佛是化身佛。說者陳章吐教故名說也。又化佛
不說法身授與說也。金剛等者從喩名也。智難壞
故喩金剛也。般若等者西域語也。此云實智。般
若卽智。波羅卽彼岸也。所言蜜者此云到也。眞
照之慧窮源實相性出無染義顯終極跡絶有海。故
云智彼岸到也。所言經者眞淨之敎文詮理緯。顯
用行心訓儀常則謂之爲經

4. 경전의 제목을 해석한다

넷째로 경전의 제목을 해석하는 것이다.

「불설금강반야바라밀경」은 元魏의 삼장법사 보리유지가 번역한 것이다. 音의 해석에 대하여 慧琳의 『一切經音義』에서는 다음과 같이 말한다.

정식 범음으로는 바즈라[嚩折羅]인데 번역하면 金剛이다. 般若의 般은 본래 범음으로 말하면 프라[鉢囉]이다. 囉는 羅字의 上聲을 취하고 轉舌音을 겸한 것이다. 그 二合이란 두 글자에서 각각 반음을 취하여 一聲으로 삼은 것이다. 예전에 말한 般[프라쥬가]은 잘못 생략된 것이다. 그리고 若[야]는 정식 범음으로는 쥬냐[枳孃 ; 치야]가 합해져 一聲이 된 것이다. '守護國界經咒에서는 쥬냐[枳孃]라 하였고, 唐言으로는 智慧 혹은 正了知이다.' 예전에 야[若]라 말한 것은 생략된 형태이다. 바라밀에서 波는 정식 범음으로 말하자면 마땅히 파[播 ; 波箇反引聲]이고, 羅는 정식 범음으로는 라[囉 ; 取羅上聲轉舌呼之]이며, 미타[蜜多]는 정식 범음으로는 미타[弭多 ; 弭迷以反]라 해야 한다. 그리하여 전체를 제대로 말하면 마땅히 바즈라 프라쥬냐 파라미타 수트라[囉折囉 鉢囉枳孃 播羅弭多 素怛纜]가 되어야 한다.[3]

「佛」이란 이것은 이미 三乘教이기 때문에 이 佛은 化身佛이다.

「說」은 문장으로 진술하여 教를 吐하는 것이므로 說이라 이름한다. 또한 化佛은 不說이므로 法身이 授與한 說이다.

「金剛」等은 비유로 이름한 것이다. 지혜는 쳐부수기 어렵기 때문에 金剛에 비유한 것이다.

「般若」等은 西域語인데 이곳 말로는 實智이다. 「般若」는 곧 智이다.

「波羅」는 곧 彼岸이다.

「蜜」은 到이다.

眞照의 慧가 실상을 窮源하여 그 성품이 無染의 뜻을 내고 終極의 跡을 드러내어 有海를 絶한 것이다. 때문에 智彼岸到라 말한다. 말한 바 經에 대하여 말하자면, 眞淨한 教文으로 이치를 설명한 것을 緯라 하고, 用行과 心訓을 드러내어 그 뜻이 항상 지속되는 것을 일컬어 經이라 한다.

【약소】第五分文解釋者 經文有三。初序分 二正宗 三流通。序有二種。一證信序二發起序。初證信序興所由者阿[少/免]樓馱敎彼阿難問其未來四法。一問經首安何字。二問未來以何爲師用戒爲師。三問未來弟子依何而住依四念處住。第四惡性人云

---

3) 慧琳 撰, 『一切經音義』 卷1, (大正藏54, p.313下)

何共住以梵壇治之。又約佛序及弟子序現在序未
來序等。思以準之不勞繁解

5. 경전의 본문을 나누어 해석한다

다섯째로 경문을 나누어 해석한다.
여기 경문에는 세 가지가 있다.
5.-Ⅰ. 첫째는 序分이다.
5.-Ⅱ. 둘째는 正宗分이다.
5.-Ⅲ. 셋째는 流通分이다.

5.-Ⅰ. 서분에는 두 가지가 있다.
5.-Ⅰ.-Ⅰ) 하나는 證信序이다.
5.-Ⅰ.-Ⅱ) 둘은 發起序이다.

서분의 첫째인 증신서는 경문이 유래하는 興起를 말하는
것으로서 저 아난이 질문한 미래의 네 가지 법에 대하여
아니룻다가 가르쳐준 것이다.
첫째 질문은 '경전의 첫머리에 무슨 글자를 놓아야 합니
까.'라는 것이다.

둘째 질문은 '미래에 무엇으로 스승을 삼아야 합니까.'라는 것인데 이에 대하여 계를 스승을 삼아야 한다는 것이다.

셋째 질문은 '미래의 제자들이 무엇에 의지하여 합니까.'라는 것인데 이에 대하여 사념처에 의지하여 주해야 한다는 것이다.

넷째 질문은 '惡性人과 어떻게 共住해야 합니까.'라는 것인데 이에 대하여 梵壇으로 그들을 다스려야 한다는 것이다.

또한 佛序와 弟子序와 現在序와 未來序 등에 대해서는 잘 생각하여 그것에 따르면 되기 때문에 여기에서는 번거롭게 해석하지 않는다.

【경문】如是我聞 一時 婆伽婆 在舍婆提城祇樹給孤獨園
與大比丘衆千二百五十人俱

다음과 같이 저는 들었습니다.

한때 바가바께서 사바제성[4]의 기수급고독원[5]에 계셨는데

---

4) 舍婆提城 : 室羅筏悉底・尸羅跋提・舍婆提 등으로 번역된다. 舍衛는 佛陀의 外護者인 波斯匿王의 거주지로서 憍薩羅國의 수도였다.

5) 祇樹給孤獨園 : 祇樹는 祇陀・祇多 등으로 번역되며, 파사익왕의 태자(勝戰者)가 소유한 森・林苑이므로 園이라고도 번역된다. 따라서 祇樹는 또한 祇園이라고도 번역된다. 급고독장자는 鰥・寡・孤・獨의 불쌍한 사람에게 음식을 주는 사람(『中阿含經』卷6, 大正藏1, p.460下)이라는 의미로서 舍衛城의 장자인 須達多의 異名이다. 수달타가 부처님께 귀의하여 봉헌할 精舍의 부지를 구하려고 祇陀 태자의 林苑에서 후보지를 물색하여 태자에게 부탁했지만 태자는 처음에는 난색을 표명하였다. 그러나 마침내 그 땅을 금으로 뒤덮으면 팔겠다고 하였다. 수달다는 태자에게 두말하지 말 것을 요구하

대비구 중 1,250명도 함께 있었습니다.

【약소】序經文有六句。一如是者大論云信順譬信於實法
順而敬擧也。二我聞。三一時。此有三義。一平
等時謂無沈浮顚倒。二相應時謂今聞能聞正聞。
三轉法輪時謂正說正受。四佛婆伽婆此有多義。
卽身口意滿等也。五住處。六同聞衆。辨所爲機
及同聞影響衆。又釋前之二文局在證信。後之四
句義通發起。問所以無菩薩衆者。答般若堅固甚
深難識。若影響徒衆及所爲機通菩薩者迴心。聲
聞及凡夫等於斯絶分。爲欲引下故略不明。就其
第二發起序中大分有二。初佛世尊訖乞食緣爲前
方便。二爾時諸比丘下正時集衆以顯發起

5.-Ⅰ. 序分

5.-Ⅰ.-Ⅰ) 證信序

이 부분은 첫째의 서분 곧 증신서로서 경문에 6구가 있다.

고 그 땅을 금으로 뒤덮어 마침내 그 땅을 구입하였다. 그리하여 수달다는
그 땅을 기증하고 태자는 나무를 기증하였다고 한다. 祇樹給孤獨園은 줄여
서 祇園이라고도 한다. 그 곳에 세워진 精舍를 祇園精舍라 하였다.

첫째는 如是이다. 이에 대하여 『대지도론』에서는 「믿고 따르는[信順] 것을 비유한 것이다. 實法을 믿고[信] 공경하게 받들면서 따른다[順]는 것이다.」고 말한다.

둘째는 我聞이다.

셋째는 一時이다.

여기에는 다시 세 가지 뜻이 있다.

처음은 平等時로서 沈浮와 顚倒가 없다는 뜻이다.

둘은 相應時로서 今聞이고 能聞이며 正聞이라는 뜻이다.

셋은 轉法輪時로서 正說하고 正受한다는 뜻이다.

넷째는 佛婆伽婆이다. 여기에는 여러 가지 뜻이 있는데 곧 身·口·意가 충만하고 평등하다는 것이다.

다섯째는 住處이다.

여섯째는 同聞衆이다. 설법의 대상자[所爲機]와 함께 들은 위대한 대중[同聞影響衆]을 변별한 것이다.

또한 앞에 나온 경문의 두 가지 구6)는 證信序를 해석한 것이고, 이후에 나오는 나머지 네 구7)의 뜻은 모두 發起序

---

6) 이에 해당하는 경문은 다음과 같다. "如是我聞 一時 婆伽婆 在舍婆提城祇樹給孤獨園 與大比丘衆千二百五十人俱" 여기에서 두 구문은 "如是我聞"과 "一時 婆伽婆 在舍婆提城祇樹給孤獨園 與大比丘衆千二百五十人俱"을 가리킨다.

7) 이에 해당하는 경문은 다음과 같다. "爾時 世尊食時著衣持鉢 入舍婆提大城 乞食於其城中 次第乞食已 還至本處 飯食訖 收衣鉢 洗足已 如常敷座 結跏趺坐 端身而住 正念不動" 여기에서 네 구문은 "爾時 世尊食時著衣持鉢 入舍婆提大城乞食"과 "於其城中次第乞食已 還至本處"와 「飯食訖 收衣鉢 洗足已」와 「如常敷座結跏趺坐 端身而住 正念不動"을 가리킨다.

에 통한다.

묻는다 : 보살대중이 없는 것은 무슨 까닭인가.

답한다 : 반야는 견고하고 대단히 깊어서 알기가 어렵다. 저 위대한 대중[影響衆]과 설법의 대상자[所爲機]가 모두 보살들로서 회심한 자들이다. 그러나 성문과 범부 등은 회심하는 것과는 거리가 멀다. 이하의 경문에서 그들을 이끌어들이기 위한 까닭에 여기 서문에서는 생략하고 설명하지 않은 것이다.

이하에서 서분의 둘째에 해당하는 발기서에 대해서도 크게 두 가지로 나뉜다.

처음은 불세존께서 걸식의 인연을 마친 것인데 이것은 前方便이다.

둘은 그때 모든 비구들 이하 대중들이 正時에 모여드는 것인데 이것은 발기를 드러내는[顯發起] 것이다.

【경문】爾時 世尊食時著衣持缽 入舍婆提大城乞食 於其
城中次第乞食已 還至本處 飯食訖 收衣缽 洗足
已 如常敷座結跏趺坐 端身而住 正念不動

그때 세존께서는 공양시간이 되어 옷을 걸치고 발우를 들고 사위대성에 들어가서 음식을 구걸하셨습니다. 그 성중을 차례로 구걸하고 나서 본래 자리에 돌아오셨습니다.

공양을 마치고 나자 옷과 발우를 거두시고 발을 씻으셨습니다. 그리고는 평소와 같이 자리를 펴고 결가부좌하시고 몸을 단정하게 하여 머물고는 정념하여 부동하셨습니다.

【약소】初文有四。初嚴儀乞食。卽爲行始。二於其城中下。還歸本處。顯行終。三飯食訖下。爲顯法方便。四結跏趺下。顯定依止

첫째의 경문은 넷으로 나뉜다.

처음은 위의를 갖추어 걸식하는 부분으로서 행위를 시작하는 부분이다.

둘은「그 성중에 들어가서」이하 본래자리에 돌아오셨다는 부분으로서 행위를 마친 것을 드러낸다.

셋은「공양을 마치고 나자」이하 부분으로서 법의 방편을 드러낸 것이다.

넷은「결가부좌」이하 부분으로서 선정에 依止하는 것을 드러낸다.

【경문】爾時 諸比丘來詣佛所到已 頂禮佛足 右繞三匝 退坐一面 爾時 慧命須菩提 在大衆中 卽從座起 偏袒右肩 右膝著地 向佛合掌恭敬而立 白佛言 希有 世尊 如來 應供 正遍知 善護念諸菩薩 善付

囑諸菩薩　世尊　云何菩薩大乘中發阿耨多羅三藐
三菩提心　應云何住　云何修行　云何降伏其心

　　그때 모든 비구들은 부처님께서 계신 곳에 나아가 도착
하고는 부처님 발에 정례를 드리고 오른쪽으로 세 바퀴를
돌고는 물러나 각각 한쪽에 앉았다.

　　그때 혜명 수보리가 대중 가운데 있었다. 수보리는 곧
자리에서 일어나 오른쪽 어깨를 드러내어 오른쪽 무릎을
땅에 대고 부처님을 향하여 공경하게 합장하여 부처님께
여쭈었다.

　　"희유하십니다. 세존이시여, 여래・응공・정변지께서는 모
든 보살을 잘 호념하시고 모든 보살을 잘 부촉하십니다.

　　세존이시여, 보살이 대승에서 아뇩다라삼먁삼보리의 마음
을 내려면 어떻게 해야 하고, 마땅히 어떻게 住하며, 어떻
게 수행하고, 어떻게 그 마음을 다스려야 합니까."

【약소】第二文中有四。初正時集衆。二爾時慧命已下。
　　　　爲請法方便。三白佛希有下。讚佛具德。四世尊
　　　　云何下。正明請問。以顯發起。此問有四。初一
　　　　總顯發心之相。二問所住之理。卽顯問實相般
　　　　若。三問能修行。卽問觀照般若。四問降伏心。
　　　　卽調伏方便。卽問文字般若。下答準之。就第二

正宗文中大分有三。初讚問善哉。誡衆略說。卽
爲立義分。二佛告須菩提諸菩薩下。廣辨般若體
相。卽爲解釋分。三須菩提菩薩發阿耨多羅已
下。結說究竟分

5.-Ⅰ.-Ⅱ) 發起序

두 번째의 경문은 넷으로 나뉜다.

처음은 正時에 대중이 모여드는 것이다.

둘은 「그때 혜명」 이하 부분은 청법의 방편이다.

셋은 「부처님께 여쭈었다. 희유하십니다.」 이하 부분은
부처님께서 구족하신 덕을 찬탄하는 것이다.

넷은 「세존이시여, 어떻게…」 이하 부분은 정식으로 請
問을 설명하는 것으로 발기를 드러낸다.

이 청문에도 네 가지가 있다.

첫째는 총론적인 것인데 발심의 相을 드러내는 것이다.

둘째는 所住의 이치를 묻는 것인데 실상반야에 대한 질
문을 드러내는 것이다.

셋째는 수행하는 것에 대하여 묻는 것인데 관조반야를
묻는 것이다.

넷째는 마음을 다스리는 것에 대해 묻는 것이다. 이것은
마음을 다스리는 방편으로서 문자반야를 묻는 것이다.

이하의 답변은 이에 따라 이루어지고 있다.

5. - II. 正宗分

제2 정종분의 경문은 크게 셋으로 나뉜다.

5. - II. - I)

처음은 수보리의 물음에 대하여 「善哉」라고 칭찬하는 부분이다. 이것은 대중을 경계시키는 것으로 약설한 것인데 立義分에 해당된다.[8]

5. - II. - II)

둘은 「부처님께서 수보리에게 말씀하셨다. 모든 보살」[9]

---

8) 이에 해당하는 부분은 正宗分 가운데 立義分의 단락으로 다음과 같다. "그때 부처님께서 수보리에게 말씀하셨다. 잘 물었다. 진실로 잘 물어보았다. 수보리야, 그대가 말한 바와 같이 여래는 모든 보살을 잘 호념하고 모든 보살을 잘 부촉한다. 그대는 이제 분명하게 듣거라. 진실로 그대를 위하여 설해 주겠다. 저 보살이 대승에서 아뇩다라삼먁삼보리의 마음을 내어서는 마땅히 다음과 같이 住하고 다음과 같이 수행하며 다음과 같이 그 마음을 다스려야 한다. 수보리가 부처님께 말씀드렸다. 세존이시여, 그리 하겠습니다. 수보리는 기꺼이 듣고자 하였다."

9) 이에 해당하는 부분은 다음과 같다. "부처님께서 수보리에게 말씀하셨다. 모든 보살은 다음과 같이 마음을 내야 한다. 존재하는 일체중생과 중생에 포함되는 것들, 이를테면 난생 · 태생 · 습생 · 화생 · 유색 · 무색 · 유상 · 무상 · 비유상비무상 등과 중생계에 존재하는 것과 중생에 포함되는 것들을. … 부처님께서 말씀하셨다. 수보리야, 일합상이란 곧 설할 수가 없는 것이다. 단지 범부인이 그것에 탐착할 뿐이다. 왜냐하면 수보리야, 만약 어떤 사람이

이하 부분으로서 반야의 體相을 자세하게 변별하는 것인데
이것은 解釋分에 해당된다.

　5.-Ⅱ.-Ⅲ)

　셋은「수보리야, 보살이 아뇩다라삼먁삼보리심을 내는데
있어서」[10] 이하 부분인데 설법을 결론짓는 究竟分에 해당
된다.

【경문】 爾時 佛告須菩提 善哉善哉 須菩提 如汝所說 如
　　　　來善護念諸菩薩 善付囑諸菩薩 汝今諦聽 當爲汝
　　　　說 如菩薩大乘中發阿耨多羅三藐三菩提心 應如
　　　　是住 如是修行 如是降伏其心 須菩提 白佛言 世
　　　　尊 如是願樂欲聞

　그때 부처님께서 수보리에게 말씀하셨다.
　"잘 물었다. 진실로 잘 물어보았다. 수보리야, 그대가 말

말하기를 '부처님께서 아견·인견·중생견·수자견을 설하였다'고 하자. 수
보리야, 어떻게 생각하느냐. 그 사람이 설한 것은 옳은 말이냐. 수보리가 말
씀드렸다. 아닙니다. 세존이시여. 왜냐하면 세존여래께서는 아견·인견·중
생견·수자견은 곧 아견·인견·중생견·수자견이 아니라 그 이름이 아
견·인견·중생견·수자견이라고 설하기 때문입니다."
10) 이에 해당하는 부분은 다음과 같다. "수보리야, 보살로서 아뇩다라삼먁삼보
　리의 마음을 내는 자는 일체법에 대하여 마땅히 다음과 같이 알고 다음과
　같이 보며 다음과 같이 믿어서 다음과 같이 법상에 住해서는 안 된다. …."

한 바와 같이 여래는 모든 보살을 잘 호념하고 모든 보살
을 잘 부촉한다. 그대는 이제 분명하게 듣거라. 진실로 그
대를 위하여 설해 주겠다. 보살은 대승에서 아뇩다라삼먁삼
보리의 마음을 내어야 하고, 마땅히 다음과 같이 住하며,
다음과 같이 수행하고, 다음과 같이 그 마음을 다스려야 한
다.11)"

수보리가 부처님께 말씀드렸다.

"세존이시여, 그리 하겠습니다."

수보리는 기꺼이 듣고자 하였다.

---

11) "아뇩다라삼먁삼보리의 마음을 낸다"는 말은 나집 역·진제 역·보리유지
역에는 있지만 달마급다 역·현장 역·의정 역에는 없다. 그 말 대신에 "菩
薩乘에 發趣하는"이라는 말로 되어 있다. 梵文은 菩薩乘에 發趣한 善男
女는 어떻게 住하고, 수행하며, 心을 억제해야 하는가를 묻고 있다. 여기에
阿耨多羅三藐三菩提라는 語는 없다. 그런데 길장은 이 阿耨多羅三藐三菩
提의 마음을 善男女에게 내도록 한다는 것은 곧 올바른 물음을 내는 것이
라고 말한다. (吉藏, 『金剛般若疏』卷2, 大正藏33, pp.100下 - 101上) 길장
이 말한 대로 나집본은 "아뇩다라삼먁삼보리의 마음을 내기 위해서는"과
"住"와 "降伏" 뿐이고 "修行"에 대한 질문은 빠져 있다. 이 부분은 다음과
같이 각 번역본마다 차이가 있다. 1. 나집 역은 "善男女가 아뇩다라삼먁삼
보리의 마음을 내기 위해서는"이라 하고, 2. 보리유지 역은 善男女라는 말
은 없고 "보살이 대승 가운데서 아뇩다라삼먁삼보리의 마음을 내어"라 하
며, 3. 진제 역은 "善男女가 아뇩다라삼먁삼보리의 마음을 내어 보살승을
행하는 데에는 이라 하고, 4. 달마급다 역은"어떻게 보살승을 발행하여 住
해야 할 것인가"라 하며, 5. 현장 역은"諸有의 보살승에 發趣하는 자는"이
라 하고, 6. 의정 역은 "만약 보살승에 발취하는 자가 있다면"이라 하며, 7.
범본은 "보살승에 발취한 善男女"라 한다. 그러나 보살승이라 하여 善男女
라는 語가 없는 것은 이 경전이 널리 善男女를 대상으로 하여 그것이 보
살승에 발취하는 것을 목적으로 하고 있다는 것을 고려해 볼 경우 善男女
라는 語가 있는 나집 역이나 혹은 진제 역·범본 쪽이 경전의 취지에 적합
할 것이다.

【약소】就初立義分內大分有五。初讚問善哉。二卽彼讚說
者具德。天親論云。善護念者。約根熟菩薩。護
成自他德。善付囑者。約根未熟菩薩。未成成已
究竟。由善付囑勝能故也。三誠聽許說。四略
擧四義以答上問。五須菩提白佛下。顯其善欲起
後廣說。今明大乘中發菩提心者略有十義。一求佛
果盡。二顯法界盡。三明修行盡。四明斷三種障
盡。五度衆生盡。六求善知識盡。七成其善願盡。
八頓發位盡。九善應因果盡。十自在攝成諸功相
入等盡。所言應如是住者。卽實相般若。明法界
眞如。本覺寂靜。離念明慧。無分別智之所顯現。
一得不退。名之爲住。言如是修行者。顯修成正
智。正助圓滿應業行心。名爲修行。言如是降伏
其心者。凡夫心識。虛妄縱盪。輪轉長時。今依方
便。調令應法。故名降伏也。

5. - Ⅱ. - Ⅰ) 立義分

먼저 첫째의 입의분에 대해서 보면 크게 다섯 가지로 나
뉜다.

첫째는 수보리의 질문에 대하여「善哉」라고 칭찬하는 부
분이다.

둘째는 그 설법자가 덕을 구족하고 있음을 찬탄하는 부분이다.

천친의『금강반야론』에서는 다음과 같이 말한다.

「선호념」이라는 것은 근기가 성숙한 보살이 자타의 덕을 성취한 것을 보호해 주는 것이다. 선부촉이라는 것은 근기가 미숙한 보살에게 성숙하지 못한 것을 구경에 성숙시켜 준다는 것인데, 선부촉이 勝能함을 말미암은 까닭이다.[12]

셋째는 잘 들을 것을 경계하여 설법을 허락한다는 것이다.

넷째는 간략하게 네 가지 뜻을 들어 위의 수보리의 질문에 답하는 것이다.

다섯째는 「수보리가 부처님께 말씀드렸다」 이하 부분으로서 먼저 그 잘한 점을 드러내고 나중에 자세한 설법을 일으키고자 하는 것이다.

이제 대승에서 발보리심하는 것을 실명하는 것에도 간략하게 10가지 뜻이 있다.

하나는 佛果를 끝까지 추구하는 것이다.

둘은 법계를 끝까지 드러내는 것이다.

셋은 수행을 끝까지 설명하는 것이다.

넷은 3종장애를 끝까지 끊어버리는 것을 설명한다.

---

12) 天親,『金剛般若論』卷上, (大正藏25, p.781中) 내용 발췌.

다섯은 중생을 끝까지 제도하는 것이다.

여섯은 선지식을 끝까지 추구하는 것이다.

일곱은 그 善願을 끝까지 성취하는 것이다.

여덟은 發心位를 끝까지 頓發하는 것이다.

아홉은 인과를 끝까지 善應하는 것이다.

열은 모든 功相을 성취하여 자재하게 득입할 때까지 끝까지 궁구하는 것이다.

말한 바 「마땅히 다음과 같이 住하고」라는 것은 실상반야이다. 法界眞如와 本覺寂靜과 離念明慧는 無分別智가 현현한 것을 설명한 것으로서 한번 취득하면 다시는 물러남이 없는 것을 住라 이름한다.

말한 바 「다음과 같이 수행하며」라는 것은 수행으로 성취한 正智를 드러낸 것이다. 올바른 수행[正助]이 원만해지고 업행이 心에 상응하는 것을 수행이라 이름한다.

말한 바 「다음과 같이 그 마음을 다스려야 한다.」는 것은 범부의 심식은 허망하게 흔들리고 오랫동안 윤회하지만 이제 방편에 의하여 마땅한 법에 調達하게끔 하기 때문에 다스린다고 이름한다.

【약소】就第二解釋分大分有二。初約解心顯三種般若。

　　　　二＜二 - ?＞爾時須菩提白佛言乃至云何住云何修

　　　　　行下。＜二 + ?＞約其行事辨三種般若。又前解者。卽約正說法身。又後證行者。卽約正證法身。此可思準之。就初解文大分有二。初顯解三種般若體德分量。二爾時須菩提白佛言世尊當何名此法門下。舉行顯解明解非妄。就初文中大分有二。初明顯解般若離妄堅固。二復次佛告慧命須菩提下。釋其餘疑辨解決定。就初文中大分有二。初約衆生界等以答上問。卽決四疑。謂上菩提心所住修行降伏等。卽三般若體。第二須菩提於意云何東方虛空可思量不下。明般若德用。就初文中大分有四。初約衆生發心。卽有四義。一廣大。二我皆令入下。卽第一也。三如是滅度無量下。卽常也。四何以故須菩提若菩薩有衆生相下。明其心不顛倒。所以發此四心。爲顯深心功德滿足故。卽廣上<常?>第一總發菩提心。問何以偏約衆生者。答顯捨自愛。生衆生愛。慈悲大順。翻彼二乘及凡大見宜便故也[13]

5. - Ⅱ. - Ⅱ) 解釋分

다음 둘째의 해석분에 대해서 보면 크게 두 가지로 나뉜다.

---

[13] 원래 §5. - Ⅱ. - Ⅰ) 立義分과 §5. - Ⅱ. - Ⅱ) 解釋分은 한 단락으로 구성되어 있지만 立義分과 解釋分으로 구분되므로 편의상【약소】를 두 부분으로 나누어 해석한다.

<解釋分 1.>

§ 5. - Ⅱ. - Ⅱ) - (Ⅰ)

첫째는 心을 해석하여 3종반야를 드러내는 것으로「그때 수보리가 부처님께 말씀드렸다.」이하「어떻게 住하고 어떻게 수행하며」[14) 이하 부분이다.

<解釋分 2.>

5. - Ⅱ. - Ⅱ) - (Ⅱ)

둘째는 그 行事에 의하여 3종반야를 변별하는 것이다. 그런데 3종반야 가운데 解[15)는 正說法身에 의한 것이고, 또한 證[16)과 行[17)도 正證法身에 의한 것이다.

이것은 잘 생각해보면 알 수가 있다.

5. - Ⅱ. - Ⅱ) - (Ⅰ) 〈解釋分 1.〉

이 경문[18)의 해석은 크게 두 부분으로 나뉜다.

(Ⅰ) - i. 처음은 3종반야의 體와 德의 분량(역량)에 대

---

14) 본 경전의 본문을 2주설법으로 구분할 경우 제1주설법에 해당하는 수보리의 총론적인 질문이다.
15) 教로서 文字般若이다.
16) 理로서 實相般若이다.
17) 行으로서 觀照般若이다.
18) 心을 해석하여 3종반야를 드러내는 부분을 가리킨다.

한 이해를 드러낸다.

(Ⅰ)-ⅱ. 둘은「그때 수보리가 부처님께 말씀드렸다. 세
존이시여, 장차 이 법문을 무엇이라 이름해야
합니까.」이하 부분은 行을 들어 이해를 드러
낸 것으로서 그 이해가 허망하지 않다는 것을
설명한 것이다.[19]

(Ⅰ)-ⅰ. 처음의 경문도 크게 둘로 나뉜다.

ⅰ.-1. 하나는 반야의 이해를 드러내어 여의어야 할 견
고한 허망에 대하여 설명한다.

ⅰ.-2. 다른 하나는「또한 부처님께서 혜명 수보리에게
말씀하셨다.」이하 부분으로서 나머지 의심을 해
석하고 해결의 기준을 정하는 것이다.

ⅰ.-1. 하나의 경문은 크게 둘로 나뉜다.

1.-1) 처음은 중생계 등을 가시고 위의 수보리의 질문
에 답하는 것이다. 곧 네 가지 의심을 해결한다.
말하자면 위의 菩提心과 所住와 修行과 降伏 등
으로서 곧 3종반야의 體이다.

1.-2) 둘은「수보리야, 어떻게 생각하느냐. 동방의 허공
을 헤아릴 수 있겠느냐.」이하 부분인데 이것은

---

19) 이하 수행의 본질[行事]에 의하여 3종반야를 드러내는 부분이 이에 해당한다.

반야의 德과 用을 설명한 것이다.

1. ‑ 1) 처음의 경문도 크게 넷으로 나뉜다.

1) ‑ (1) 처음은 중생의 발심에 의한 것인데 여기에 네 가지 뜻이 있다.

(1) ‑ ① 먼저 廣大心이다.

(1) ‑ ② 다음 「내가 모든 중생으로 하여금 무여열반에 들도록 하겠다.」라는 것은 第一心이다.

(1) ‑ ③ 다음 「이와 같이 무량하고 무수하며 무변한 중생을 멸도하지만」이라는 것은 常心이다.

(1) ‑ ④ 다음 「왜냐하면 수보리야, 만약 보살에게 중생상이 있으면」이란 그 心이 不顚倒心임을 설명한 것이다.

이 네 가지 心을 내는 까닭은 심심한 공덕이 만족된 것을 드러내기 위한 것이다. 그런데 이 가운데 不顚倒心을 제외한 廣大心과 常心과 第一義心의 세 가지는 모두 發菩提心에 해당된다.

묻는다 : 어째서 중생의 편에 대해서만 말씀하시는 겁니까.

답한다 : 보살이 自愛를 버리고 중생에 대한 사랑을 냄으로써 자비에 大順하는 것을 드러내는 것이다. 저 이승과 범부의 견해를 뒤집어보면 마땅히 이와 같기 때문이다.

【경문】佛告須菩提 諸菩薩生如是心 所有一切衆生 衆生
　　　所攝 若卵生 若胎生 若濕生 若化生 若有色 若
　　　無色 若有想 若無想 若非有想非無想 所有衆生
　　　界 衆生所攝

부처님께서 수보리에게 말씀하셨다.

"모든 보살은 다음과 같이 마음을 내야 한다. 존재하는
일체중생과 중생에 포함되는 것들, 이를테면 난생·태생·
습생·화생·유색·무색·유상·무상·비유상비무상 등과
중생계에 존재하는 것과 중생에 포함되는 것들을."

【약소】初廣大文大分有六。初一句總。二約四生明攝法
　　　分齊。三約色無色顯界周盡。四約想有無以決外
　　　疑。五若非有想下。除外道增上慢見。爲外道將
　　　非想爲非生死故。六會彼妄見。攝從正智境。謂
　　　所有衆生界衆生所攝者。卽無衆生及似衆生所攝
　　　也。問所以言似者。答經云不可以似似。故云似
　　　也。故似不妨無。問若爾衆生卽空。何所攝也。
　　　答只爲是是空空。卽衆生分別所攝。故辨攝。若
　　　不彰攝。解不明淨故也

처음 (1)-① 廣大心에 대한 경문은 여섯으로 나뉜다.

첫째의 一句인「존재하는 일체중생」은 總이다.

둘째의 「난생·태생·습생·화생」의 사생은 攝法의 分齊를 설명한 것이다.

셋째의 「유색·무색」은 삼계에 周盡하는 것을 드러낸 것이다.

넷째의 「유상·무상」은 想의 유무를 가지고 외도의 의심을 결정한 것이다.

다섯째의 「비유상비무상」은 외도의 증상만견을 제거한 것인데 외도가 장차 非想으로 非生死를 삼으려 하기 때문이다.

여섯째의 「중생계에 존재하는 것과 중생에 포함되는 것들」은 저 妄見을 회통한 것으로서 正智의 경계로부터 섭수한 것이다.

이를테면「중생계에 존재하는 것과 중생에 포함되는 것들」은 곧 중생이 아닌 것과 중생과 비슷한 것들이 모두 포함된다.

묻는다 :「중생과 비슷한 것들」은 무엇을 말합니까.

답한다 : 경문에서 말하는 「不可以」운운[似似] 등을 일컬어 '비슷하다.'고 말한 것이다. 때문에 '비슷하다.'고 말해도 무방하다.

묻는다 : 만약 그렇다면 중생이 곧 공하다는 것은 어디에 포함되는 겁니까.

답한다 : 다만 是는 是이고 공은 공일뿐이다. 곧 중생을 분별하여 포함시킨 것뿐이다. 때문에 「포함된다.」고 변별하는 것이다. 만약 포함된다는 것을 드러내 밝히지 않는다면 해석이 明淨하지 못할 것이다.

【경문】我皆令入無餘涅槃 而滅度之

내가 다 무여열반에 들게끔 하여 그들을 멸도시킨다.

【약소】二第一文。無餘涅槃者。卽無分別餘也。卽性淨涅槃也。若約一乘。卽三世常涅槃。亦三世常覺。若約三乘。卽一世智得三世常涅槃。及應化二身是有餘。法身是無餘。又報身在煩惱滅。是有餘。惑斷報身滅。是無餘。若約小乘。唯約報身是無無餘。煩惱先滅是有餘。於此一義之中。約智數斷惑。諸宗不同。與分別相應。不滅心見。有此差別也。下可準。今此經宗。唯揀小乘。義局大乘及一乘義也

다음 (1)-② 第一心의 경문이다.

「무여열반」이란 무분별의 餘로서 곧 性淨涅槃이다. 만약 일승의 입장으로 보자면 삼세는 항상 涅槃이고 또한 삼세는 항상 覺이다. 곧 一世智로 삼세가 항상 涅槃임을 얻으면 응신과 화신은 유여이고 법신은 무여이다. 또한 보신에서 번뇌가 멸하는 것은 유여이고 惑이 끊기고 보신이 멸하는 것은 무여이다.

만약 소승의 입장으로 보자면 오직 보신에 대한 것뿐이어서 그것은 무여가 없고, 번뇌가 먼저 멸하는데 그것은 유여이다. 이 一義 가운데는 智數로 惑을 끊어 가는데 제종이 같지가 않다. 각각에 상응하여 분별하는데 모두 心과 見은 멸하지 않는다는 입장이다.

이와 같은 차별이 있다. 그러니 이하에 준해보면 된다.

지금 이 금강경의 종지는 오직 소승만 간별하여도 그 뜻은 대승과 일승의 뜻과 별반 다름이 없다.

【경문】如是滅度無量無數無邊衆生 實無衆生 得滅度者

이와 같이 무량하고 무수하며 무변한 중생을 멸도시켜도 실로 중생으로서 멸도를 얻은 자는 하나도 없다.

【약소】第三常文

다음 (1) - ③ 「이와 같이 무량하고 무수하며 무변한 중생을 멸도하지만」이라는 것은 常心의 경문이다.

【경문】何以故 須菩提 若菩薩有衆生相 卽非菩薩 何以
故非 須菩提 若菩薩起衆生相人相壽者相 則不名
菩薩

왜냐하면 수보리야, 만약 보살에게 중생상이 있으면 보
살이 아니기 때문이다. 왜 보살이 아닌가. 수보리야, 만약
보살이 중생상·인상·수자상을 일으키면 곧 보살이라 말
할 수가 없기 때문이다.

【약소】就第四不顚倒文 有其四句。初何以故。責生同無
不度所由。第二答文。顯知者是正。(第)三復重
責。若不知無衆生之者。卽不順法相。顯不知者
失。第四答意。順此可知

다음 (1) - ④「왜냐하면 수보리야, 만약 보살에게 중생상
이 있으면」은 不顚倒心의 경문이다.
여기에는 네 구가 있다.
첫째의「왜냐하면」은 제도하지 않은 바가 없는 연유를
수보리에게 따져 설명하는 것이다.
둘째의 경문은 답변하는 부분이다. 곧 知者의 올바른 도
리를 드러내는 부분이다.
셋째는 거듭 따져 설명하는 부분이다. 만약 중생이 없는

줄을 모르는 자는 法相을 수순하지 못하는 것으로서 不知者의 그릇된 도리를 드러내는 부분이다.

넷째는 答意 부분인데 경문을 따라서 살펴보면 알 수 있을 것이다.

【경문】復次 須菩提 菩薩不住於事行於布施 無所住行於
布施 不住色布施 不住聲香味觸法布施

또한 수보리야, 보살은 事에 있어서 住하지 않고 보시를 행해야 한다. 住하는 바 없이 보시를 행해야 한다. 색에 주하지 않고 보시해야 한다. 성·향·미·촉·법에 주하지 않고 보시해야 한다.

【약소】第二廣上如是住有二。一由法性無住。絶於自他
相想。平等究竟。二由自性體寂。絶於爲非故。
於文間亦有兩句。一對於事 顯知住法卽假塵境。
二不住色下。約實塵以顯住義 須菩提菩薩應如是
布施不住於相想。第三廣上如是修行文有三句。
所以可知。問不住相想。二義何別。答所知分
齊。不依分別住。名不住相。能知之心。不依分
別取。名不住想。餘可準之

1) - (2) 둘은 자세하게 말하자면 위의 如是住에 두 가지
　　가 있다.

(2) - ① 첫째는 法性無住에 의한 것이다.
　　이것은 자타의 相이라는 생각을 끊는 것으로 평
　　등의 구경이다.

(2) - ② 둘째는 自性體寂에 의한 것이다.
　　그릇된 것을 끊는 까닭에 경문에는 다시 두 가
　　지가 있다.

② - ㉮ 처음은 「事에 있어서」에 대한 것이다.
　　이것은 住의 뜻[住法]을 알아야 할 것을 드러낸
　　것으로서 塵境을 가차한 것이다.

② - ㉯ 둘은 「색에 주하지 않고」 이하 부분에 대한 것이다.
　　이것은 실제로 塵을 가지고 주의 뜻[住義]을 드
　　러낸 것으로서 구체적으로는 「수보리야, 보살은
　　마땅히 다음과 같이 相과 想에 주하지 않고 보
　　시해야 한다.」라는 것이다.

1) - (3) 셋은 자세하게 말하면 위의 如是修行의 경문에
　　도 세 가지가 있다. 그 까닭은 다음과 같이 알
　　수가 있다.

묻는다 : 不住相과 不住想의 두 가지 뜻이 있는데 어떻
게 그것을 구별하는 겁니까.

답한다 : 所知의 분제로서 分別住에 의하지 않는 것을

不住相이라 이름한다. 能知의 心으로서 分別取에 의하지 않는 것을 不住想이라 이름한다. 그 밖의 것은 이것에 준한다.

【경문】何以故 若菩薩不住相布施 其福德聚不可思量

왜냐하면 만약 보살이 만약 상에 주하지 않고 보시하면 그 복덕은 불가사량하기 때문이다.

【약소】第四廣上降伏其心文卽用　不住於事已下　所離分別取心不生。卽名降伏。問何故及修行等。偏約檀度明之。答檀是菩薩起行之初首。若此一淨餘度易明。又檀度之中。得攝於六。故天親論云。檀度攝於六。資生無畏法。此中一二三。名爲修行住。廣解如論。爲此義故也。就第二德用文中。大分有四。初於意云何東方虛空可思量不等。明三種般若德用分量。二須菩提可以相成就下。明德用離相。三須菩提白佛言世尊已下。顯三種般若德用功能。四須菩提是諸菩薩生如是無量福德聚已下。顯三種般若甚深。問云何得知此文等中有三種般若。爲論解云。檀等是法性所彰。又從法異流。卽知是實相般若。檀度等中有修得無分別智。卽是觀照般若。爲下文菩薩菩薩

論主解云。初菩薩者是聖菩薩。第二菩薩者。是
凡夫菩薩。即知凡夫菩薩中有其兩義。一凡夫菩
薩與聖爲詮。即是教智。第二凡夫菩薩由未證法
身。但依教生智。利生受記。亦依教智。故是文
字般若。此之三相。無二無別。自性離故。言實
性者。性本空寂。有佛無佛。體相常住。不遷不
變。無作無起。不來不去。不動不轉。但因緣
有。猶若虛空。故經云三界虛妄。唯一心作。十
二因緣。是皆一心。無有作者。無有知者。一切
諸法隨心轉故。是以即斯而言。雖復剋勤備修。
積德雲興而無增。息累塵境。浮冥至寂而無減。
然依本來無始世界熏修對治因緣行故。說離煩惱
妄想。深心清淨轉勝。聖若現前。無爲緣集。菩
提涅槃。妙果圓極。功顯於此。故經言。觀一切
法。不生不滅。因緣而有。順如能善達斯趣者。
生死塵累不待遣而自亡。涅槃眞證不假飾而圓
備。功顯自本。無有作者。惑非我除。淨非我
瑩。德窮常樂。不遷不變。觀照文字。義亦同
然。何以故。無二無別故。此可思準之

1) – (4) 넷은 자세하게 말하면 降伏其心의 경문은 곧 작
용을 나타낸다.

「事에 있어서 住하지 않고」 이하는 분별취와 분별심을 여의어 그 분별취와 분별심의 不生을 降伏이라 말한다.

묻는다 : 무슨 까닭에 발심과 수행 등에 대해서는 보시바라밀만을 들어서 그에 대한 설명을 한 겁니까.

답한다 : 보시바라밀은 보살이 수행을 일으키는 처음이기 때문이다. 만약 이 보시바라밀이 청정해지면 그 밖의 바라밀은 쉽게 이루어지기 때문이다.

또한 보시바라밀 가운데는 육바라밀이 모두 포함되어 있다. 때문에 천친의 『금강반야론』에서는 다음과 같이 말한다.

> 보시에 육바라밀이 다 담겨 있는데/
> 곧 말하자면 자생과 무외와 법이다/
> 여기에서 자생과 무외와 법의 셋을/
> 가리켜 이른바 수행의 주라 말하네//[20]

이에 대한 자세한 해석은 저 천친의 『논』에 들어 있는데 그것이 바로 이 뜻이다.

1.-2) 둘은 德과 用에 대한 것인데 경문은 크게 넷으로 나뉜다.

2)-(1) 처음은 「어떻게 생각하느냐. 동방의 허공을 헤아릴 수 있겠느냐.」 등등 이하 부분이다. 이것은 3

---

20) 天親, 『金剛般若波羅蜜經論』 卷上, (大正藏25, p.782上-中) 여기에서 자생은 보시이고, 무외는 지계·인욕이며, 법은 정진·선정·반야이다.

종반야의 德과 用의 분량을 설명한 것이다.

2)-(2) 둘은 「수보리야, 가히 상의 성취를 통해서」 이하 부분이다. 이것은 德과 用의 離相을 설명한 것이다.

2)-(3) 셋은 「수보리가 부처님께 말씀드렸다. 세존이시여,」 이하 부분이다. 이것은 3종반야의 德과 用의 공능을 드러낸 것이다.

2)-(4) 넷은 「수보리야, 이 모든 보살은 다음과 같은 무량한 복덕을 낸다」 이하 부분이다. 이것은 3종반야의 甚深을 드러낸 것이다.

묻는다 : 어떻게 이 경문에 그와 같은 3종반야가 들어있는 줄을 아는 겁니까.

답한다 : 천친의 『논』에서 다음과 같이 말하고 있듯이 보시바라밀 등은 법성이 드러난 것이다.

또한 법의 異流에 따라서 그것이 실상반야인 줄을 알아야 한다. 보시바라밀 등 그 속에서 수행하여 무분별지를 얻는데 이것이 곧 관조반야이다.

이하의 경문인 「보살 보살」이란 것에 대해서 천친논주는 처음의 보살은 聖體菩薩이고, 제2의 보살은 범부보살[21]이

---

21) 이에 해당하는 천친의 구체적인 설명은 다음과 같다. "저 법에 대하여 만약 자신의 지혜로 믿거나 만약 세간지나 출세간지를 낸다면 그것은 이른바 각각 범부와 성인으로서 이 사람을 보살이라 일컫는다. 이 말은 세제의 보살과 출세제 보살의 섭수를 가리킨다. 이런 까닭에 거듭 '보살이다 보살이다.'고 설하는 것이다." 天親, 『金剛般若波羅蜜經論』 卷中, (大正藏25, p.792 上) "於彼法若能自智信 若世間智出世間智 所謂凡夫聖人 是人名爲菩薩

라 말한다. 그런데 범부보살에도 두 가지 뜻이 있다.

하나는 범부보살에게 聖體가 있다고 설명하는 것인데 이것은 教智이다.

둘은 범부보살로서 아직 법신을 증득하지 못한 경우이다. 이것은 단지 教에 의하여 智만을 냈을 뿐이다. 이것은 중생을 이롭게 하려고 수기한 것이고 또한 教智에 의한 것이므로 문자반야이다.

이와 같이 세 가지 반야의 모습은 無二하고 無別하다. 왜냐하면 자성을 여의었기 때문이다. 실성이란 성품이 본래 공적하여 유불이건 무불이건 간에 體相이 상주하여 不遷不變하고 無作無起하며 不來不去하고, 不動不轉하다. 그것은 단지 인연이 있을 뿐으로 마치 허공과 같다.

때문에 경전에서는 「삼계는 허망하다. 오직 일심으로 만들어진 것에 불과하다. 12인연도 모두 일심으로서 作者도 없고 知者도 없다. 일체제법은 心을 따라 轉할 뿐이기 때문이다.」라고 말한다.

이 인용문은 바로 실성의 그와 같은 성품을 말하는 것이다. 그래서 비록 다시 부지런히 노력하여 미리 수행하여 德雲을 쌓아 일으켜도 덕운이 증장됨이 없고, 누겁의 塵境을 그쳐 浮冥이 적정에 이른다해도 진경이 감소됨이 없다. 본래 무시세계에 의한 덕운의 훈수와 진경의 대치는 모두 인

___

此言攝世諦菩薩出世諦菩薩 是故重說菩薩菩薩"

연행이다. 때문에 번뇌망상을 떠나 더욱더 心이 청정하게 轉勝되기를 설하는 것이다.

그리하여 만약 聖體가 현전하면 무위의 인연이 모여 보리와 열반과 묘과와 원극의 공능이 이에 드러난다. 때문에 경문에서는 「일체법은 불생불멸로서 인연으로 존재한다는 것을 관찰하라.」고 말한다.

이와 같은 도리를 알아 그 趣에 통달하는 자에게는 생사의 塵累를 굳이 없애려하지 않아도 저절로 없어지고, 열반의 眞證을 가식하려하지 않아도 저절로 원만하게 구비된다.

공능이 저절로 자체의 근본을 드러내어 작자가 없는 것은 迷惑도 我를 없애지 못하고 淸淨도 我를 번영케 하지 못하여 궁극에는 덕이 常樂하고 不遷하며 不變하는데, 이것이 관조반야이다. 관조반야의 뜻도 또한 이와 마찬가지이다. 왜냐하면 無二하고 無別하기 때문이다. 이것은 그 도리를 잘 생각해 보면 알 수 있다.

【경문】 須菩提 於汝意云何 東方虛空可思量不 須菩提言
不也世尊 佛言 如是須菩提 南西北方四維上下
虛空可思量不 須菩提言 不也世尊 佛言 如是如
是 須菩提 菩薩無住相布施 福德聚亦復如是 不
可思量 佛復告須菩提 菩薩但應如是行於布施

"수보리야, 어떻게 생각하느냐. 동방의 허공을 사량할 수 있겠느냐."

수보리가 말씀드렸다.

"아닙니다. 세존이시여."

부처님께서 말씀하셨다.

"그와 같이 수보리야, 남・서・북방・四維・上・下의 허공을 사량할 수 있겠느냐."

수보리가 말씀드렸다.

"아닙니다. 세존이시여."

부처님께서 말씀하셨다.

"그와 같고 그와 같다. 수보리야, 보살의 무주상보시는 복덕 또한 그와 같이 불가사량하다."

부처님께서 다시 수보리에게 말씀하셨다.

"보살은 마땅히 이와 같이 보시를 행해야 한다."

【약소】就初分量文中。大分有二。初喩。次合。喩文展
轉有四句可知。合文有三句可知。問此法以何義
相。合前虛空。答此擧三種般若無分別故。取相
不及。以爲分齊。合前虛空也

2)-(1) 이 경문은 크게 둘로 나뉜다.

(1)-① 처음은 비유이다.

(1)-② 둘째는 내용의 결론[合]이다.

처음에 해당하는 비유의 경문은 4구로 되어 있는데 내용 상으로 보면 3구라는 것을 알 수 있다.

묻는다 : 이 가르침[法]은 어떤 뜻[義相]을 보이려고 먼 저 허공을 내세운 겁니까.

답한다 : 이것은 3종반야가 무분별하다는 것을 언급한 것이다. 때문에 相을 취할 수 없는 것을 가지고 분제를 삼 은 것인데 이것이 곧 먼저 허공을 내세운 것에 합치되는 것이다.[22]

【경문】 須菩提 於意云何 可以相成就見如來不 須菩提言
不也世尊 不可以相成就得見如來 何以故 如來所
說相卽非相 佛告須菩提 凡所有相皆是妄語 若見
諸相非相則非妄語 如是諸相非相則見如來

"수보리야, 어떻게 생각하느냐. 가히 相의 성취로써 여래 를 볼 수 있겠느냐."

수보리가 말씀드렸다.

"볼 수 없습니다, 세존이시여. 가히 相의 성취로써 여래 를 볼 수는 없습니다. 왜냐하면 여래께서 설하신 바의 相 은 곧 相이 아니기 때문입니다."

---

22) 곧 허공은 나눌 수가 없다는 것을 비유한 것이다.

부처님께서 수보리에게 말씀하셨다.

"무릇 존재하는 바 상은 다 망어이다. 만약 모든 상을 상이 아니라고 보면 그것은 곧 망어가 아니다. 이와 같이 모든 상은 상이 아닌 것이라 아는 것이 곧 여래를 보는 것이다."

【약소】第二德用離相文中有七句。初審定可否。二答成離相。三何以故下。責離相所由。四述眞法體。五顯相是妄。六翻妄成眞。七印成大順。令離妄相者。謂生住滅攝一切法盡。論解如此。問何故此義約佛明之。答此擧果德淨義顯初信心是便。又因中障習未盡。顯離相難彰故也

2)-(2) 둘째 德과 用의 離相을 설명한 것이다. 이 경문에는 7구가 있다.

(2)-① 처음은 허공을 헤아릴 수 있는가 아닌가 하는 것에 대한 審定이다.

(2)-② 둘은 離相이라고 답해주는 부분이다.

(2)-③ 셋은 「왜냐하면」이하 부분인데 離相의 이유를 말하는 것이다.

(2)-④ 넷은 존재의 진실한 법체를 설명한다.

(2)-⑤ 다섯은 현상은 妄이라는 것을 드러낸다.

(2)-⑥ 여섯은 妄을 妄이 아니라고 앎으로써 뒤집어 眞

을 성취하는 것이다.

(2) - ⑦ 일곱은 大順 곧 진리의 성취를 인가하는 부분이
다. 망상을 여의게 하는 것은 生과 住와 滅에
일체법을 모두 포함되어 있다는 것을 말하려고
이와 같이 論解하는 것이다.

묻는다 : 무슨 까닭에 이와 같은 뜻을 부처님에 의지하
여 그것을 설명하는가.

답한다 : 이것은 果德이 청정한 것을 들어 初信心도 또
한 그러하다는 것을 드러내려는 것이다. 또한 因行 中에
障習을 모두 없애지 못하면 離相을 현창하기가 어렵다는
것을 드러내려는 것이다.

【경문】 須菩提 白佛言 世尊 頗有衆生 於未來世末世 得
聞如是修多羅章句 生實相不 佛告須菩提 莫作是
說 頗有衆生 於未來世末世 得聞如是修多羅章句
生實相不 佛復告須菩提 有未來世末世 有菩薩摩
訶薩 法欲滅時 有持戒修福德智慧者 於此修多羅
章句能生信心 以此爲實 佛復告須菩提 當知 彼
菩薩摩訶薩 非於一佛二佛三四五佛 所修行供養
非於一佛二佛三四五佛所 而種善根 佛復告須菩
提 已於無量百千萬諸佛所 修行供養 無量百千萬
諸佛所種諸善根 聞是修多羅 乃至一念能生淨信

須菩提 如來悉知是諸衆生 如來悉見是諸衆生

수보리가 부처님께 말씀드렸다.

"세존이시여, 많은 중생이 미래세 말세[23]에 이와 같은 수다라의 장구를 듣고 실상을 내겠습니까."

부처님께서 수보리에게 말씀하셨다.

"많은 중생이 미래세 말세에 이와 같은 수다라의 장구를 듣고 실상을 내겠습니까 라는 그런 말을 하지 말라."

부처님께서 다시 수보리에게 말씀하셨다.

"미래세 말세에 어떤 보살마하살이 법이 멸하려 할 때에도 계를 지키고 복덕과 지혜를 닦는 자가 있어 이 수다라의 장구에서 신심을 내어 이로써 실을 삼는 자가 있다."

부처님께서 다시 수보리에게 말씀하셨다.

"마땅히 알라. 그 보살마하살은 一佛·二佛·三·四·五佛 밑에서만 수행하고 공양한 것이 아니고, 一佛·二佛·三·四·五佛 밑에서만 선근을 심은 것이 아니다."

---

23) 미래세 말세는 불법이 쇠퇴하는 五濁惡世로서 後五百歲를 말한다. 범본에도 "後의 오백 세에 정법파멸이 일어날 때에"라고 되어 있다. 이것을 『大集經』의 五五百年說에 맞추어 해석하는 경우도 있다. 이 五五百年說은 불멸 후 五百代에는 정법의 시대로서 敎·行·解脱이 있지만 다음의 오백 년대에는 像法의 시대로서 敎와 行은 있지만 해탈이 없다. 그 이후는 말법의 시대로서 敎는 있지만 行과 解脱이 없이 法滅의 시대가 온다고 말한다. 그러니 五五百年說은 상당히 후대의 說로서 지금은 일반적으로 불멸 후 오백 년이 끝나면 변동이 일어나는데 대승경전이 일어난다고 생각하여 그 思潮 속에서 『金剛般若經』도 일어났다고 생각하는 것이다. 또한 五百歲는 五十歲라는 경우도 있지만 五百歲로 하는 것이 보통이다.

부처님께서 다시 수보리에게 말씀하셨다.

"이미 무량한 백천만 제불 밑에서 수행하고 공양하였고, 무량한 백천만 제불 밑에서 모든 선근을 심었다. 그래서 이 수다라를 들으면 내지 일념만 해도 곧 청정한 믿음을 낼 수가 있다. 수보리야, 여래는 모든 중생을 다 알고, 여래는 모든 중생을 다 본다."

【약소】就第三德用勝能文中。大分有五。第一疑問。第二佛呵而不受。三佛復告須菩提有已下。述其正德。四佛復告須菩提已下。讚其勝德。五須菩提如來悉知已下。顯用成就。第三文中有二句。一略二廣可知。第四文中有五句可知。今言淨信者。信心有三種。一者直心。正念眞如法界故。二者深心。樂集一切諸善行故。三者大悲心。欲拔一切衆生苦故。眞如信者。成通三昧。不住見相。不住得相。乃至出定。亦無懈慢。所有煩惱。慚覺微薄也。餘義可知。第五文中如來悉知者。在於比觀之內。與知識力相應。非謂有其別佛爲能知者。如來悉知者。在證知心中。現知識力智相也。問何故上文已來數言如來之名。及告須菩提卽言佛者何也。答如告須菩提。卽顯佛是化主。得覺勝法故。若立義中言如來者。欲顯理

事等法。無不是如。皆從實道現成如相。故作此
說也。就大段第四文顯法深內有三。一舉德用之
體。二何以故下。釋成深相。三須菩提若是菩薩
有法相下。顯比觀德用分齊

2) - (3) 셋은 「수보리가 부처님께 말씀드렸다. 세존이시
여,」 이하 부분이다. 이것은 3종반야의 德과 用
의 공능을 드러낸 것이다.[24] 이 경문은 크게 다
섯으로 나뉜다.

(3) - ① 처음은 수보리가 질문하는 부분이다.

(3) - ② 둘은 부처님께서 수보리에게 그렇게 말하지 말
라고 책망하는 부분이다.

(3) - ③ 셋은 앞의 「부처님께서 다시 수보리에게 말씀하
셨다.」 이하 부분으로 바른 德을 서술한다.

(3) - ④ 넷은 뒤의 「부처님께서 다시 수보리에게 말씀하
셨다.」 이하 부분으로 뛰어난 德을 칭찬한다.

(3) - ⑤ 다섯은 「수보리야, 여래는 모든 중생을 다 알고,
여래는 모든 중생을 다 본다.」 라는 부분으로 用
의 성취를 드러낸다.

(3) - ③ 셋의 경문에 다시 2구가 있다.

③ - ㉮ 하나는 간략한 것이고, ③ - ㉯ 둘은 자세한 것

---

24) 行事로써 첫 번째로 3종반야를 변별하는 부분이다.

이다.

이것은 쉽게 알 수 있을 것이다.

(3)-④ 넷의 경문에 다시 5구가 있는데 쉽게 알 수 있을 것이다. 그런데 지금 여기에서 말하는 「청정한 믿음」은 그 信心에도 3종이 있다.

④-㉮ 하나는 直心이다.

正念은 진여의 법계이기 때문이다.

④-㉯ 둘은 深心이다.

일체의 모든 선행을 즐거이 모으기 때문이다.

④-㉰ 셋은 大悲心이다. 일체중생의 고통을 없애주려하기 때문이다. 眞如信은 모든 삼매를 성취하여 見相에도 住하지 않고 得相에도 주하지 않으며, 내지 出定해서도 懈慢이 없고 있는 번뇌라고는 아주 미세한 것까지도 모두 慚覺한다. 그 밖의 뜻은 쉽게 알 수 있을 것이다.

(3)-⑤ 다섯의 「수보리야, 여래는 모든 중생을 다 알고」라는 것은 이와 같이 관찰하는 속에서 그 知識의 力에 상응하는 것을 말하는 것이지 별도로 부처님이 어떤 능지자라는 것을 말하는 것은 아니다. 그리고 「여래는 모든 중생을 다 아는 자」라는 것은 心을 깨치고 아는[證知] 가운데서 知識의 力과 지혜의 相을 드러낸 것이다.

묻는다 : 무슨 까닭에 위의 경문에서 이미 여러 차례 如來라는 명칭을 언급하였고, 또한 무슨 까닭에 수보리에게 말씀하신 부분에서는 佛이라 언급한 겁니까.

답한다 : 대화하는 부분에서 저 수보리에게 말씀하신 것은 곧 佛은 化主로서 뛰어난 법을 깨쳤다는 것을 드러낸 것이다. 그리고 저 立義하는 가운데서 말한 如來라는 것은 理와 事가 평등한 법으로서 그렇지 않은 것이 없음을 드러내려는 것이다. 이것은 모두 實道로부터 현성한 진여의 相이기 때문에 그렇게 설한 것이다.

2) - (4) 큰 단락의 넷에 해당하는 「수보리야, 이 모든 보살은 다음과 같은 무량한 복덕을 낸다.」 이하 경문은 법이 甚深한 것을 드러낸 것이다. 여기에 세 가지가 있다.

(4) - ① 처음은 德과 用의 체성을 든다.

(4) - ② 둘의 「왜냐하면」 이하 부분은 성취한 深相을 해석한다.

(4) - ③ 셋의 「수보리야, 만약 이 보살에게 法相이 있으면」 이하 부분은 德과 用의 분제를 비교하여 관찰하는 것을 드러낸다.

【경문】須菩提 是諸菩薩 生如是無量福德聚 取如是無量
福德

(또한) 수보리야, 이 모든 보살은 이와 같은 무량한 복덕
을 내고, 이와 같은 무량한 복덕을 취한다.

【약소】初言生如是無量福德聚取如是無量福德者。如是
無量深福德聚。一者因深。檀等無分別故。二者
果深。如來等離相故

(4)-① 먼저 말한 「이와 같은 무량한 복덕을 내고, 이와
같은 무량한 복덕을 취한다.」라는 부분 가운데 「이
와 같은 무량하게 깊은 복덕」에 대하여 말한다.
①-㉮ 처음은 因이 깊은 것인데 이것은 보시 등에 분
별이 없기 때문이다.
①-㉯ 둘은 果가 깊은 것이다. 여래 등은 상을 여의었
기 때문이다.

【경문】何以故 須菩提 是諸菩薩 無復我相衆生相人相壽
者相 須菩提 是諸菩薩 無法相亦非無法相 無相
亦非無相 何以故 須菩提 是諸菩薩 若取法相則
爲著我人衆生壽者

왜냐하면 수보리야, 모든 보살은 다시는 아상·중생상·인상·수자상이 없다. 수보리야, 모든 보살은 法相도 없고 또한 無法相도 없으며 相도 없고 또한 無相도 없다. 왜냐하면 수보리야, 이 모든 보살이 만약 法相을 취하면 곧 아·인·중생·수자에 집착하는 것이다.

【약소】就第二文中有四句。一何以故。責離相所由。二答成離相義。所言離相者有八重。一我相。二衆生相。三人相。四壽者相。此四有二義。若約正使。卽是聲聞障。此中二障。並通我及我所。若約習氣。則是菩薩障。若至下文。亦有同異。應可準之。第五是有法相。六無法相。七有相。八無相。此四並是菩薩障。此義云何。解心初起。見有法相爲所軌則。應分別妄。爲離此相。故言無法相也。學者不了。卽謂無法以爲所軌。論云。呵此爲空說。爲離此妄故。彼惡世時。菩薩具足持戒智慧故。能生信心。名不空說。故文言亦非無法相也。學者不了。謂離所見有無法相。別有波羅蜜以爲實相。爲離此妄謂。故言無相也。學者不了。卽謂離有無相外。無有實相。爲離此見。故文言亦非無相也。三何以故須菩提下重責離八相所由。四是諸菩薩下。答須離所以

(4) – ① 이 경문에는 4구가 있다.

① – ㉮ 처음 「왜냐하면」은 離相의 까닭을 따져주는 것
    이다.

① – ㉯ 둘은 성취한 離相의 뜻에 대하여 답한다.

말한 바 離相에는 8가지가 있다. 곧 ㉯ – ㉠. 아상, ㉯ –
㉡. 중생상, ㉯ – ㉢. 인상, ㉯ – ㉣. 수자상 등인데 이 四相
에 각각 두 가지 뜻이 있다.

만약 正使를 가지고 말하자면 이것은 聲聞障에 해당한
다. 여기에서 말하는 두 가지 장애는 보통 아와 아소를 두
고 하는 말이다. 만약 習氣를 가지고 말하자면 이것은 菩
薩障한다.

만약 이하의 경문에 대하여 말한다면 또한 同異가 있으
니 마땅히 그것을 보면 알 수가 있다.

㉯ – ㉤. 유법상, ㉯ – ㉥. 무법상, ㉯ – ㉦. 유상, ㉯ – ㉧.
무상 등 이 四相은 菩薩障을 말한 것이다.

이 네 가지는 무슨 뜻인가.

마음이 처음 일어나는 것을 가지고 해석한다면 유법상을
궤칙으로 보는 것을 마땅히 허망하다고 분별해야 한다. 이
것이 곧 유법상을 여의는 것이다. 때문에 무법상을 이야기
하는데 학자가 그것을 모르고서 곧 무법상을 궤칙으로 삼
고 있다.

그래서 『논』에서는 다음과 같이 말하여 그것을 헛된 설

[空說]이라고 책망한다.

> 인과의 심오한 뜻을 설함은/
> 저 오탁악세 말법 시대에도/
> 헛됨 없이 진실하기 때문에/
> 보살은 세 가지를 구비한다//[25)

때문에 경문에서는 「또한 無法相도 아니다.」고 말한다.

그런데 학자가 그것을 알지 못하고서 소견에 유·무법상을 떠나 따로 바라밀이 있다고 말하여 그것을 실상으로 삼는다. 이와 같은 망어를 여의기 위한 까닭에 무상을 말한다. 그런데 학자가 그것을 모르고서 유·무의 상을 떠나 그밖에 실상이 없다고 말한다.

이와 같은 견해를 여의기 위한 까닭에 경문에서는 「또한 無法相도 아니다.」고 말한다.

②-㉲ 셋은 「왜냐하면 수보리야,」 이하인데 거듭 八相을 여의어야 하는 이유에 대하여 따져 설명하는 부분이다.

②-㉳ 넷은 「이 모든 보살은」 이하인데 모름지기 그것을 여의어야 하는 까닭에 대하여 답하는 부분이다.

---

25) 天親,『金剛般若論』卷上, (大正藏25, p.783中) "說因果深義 於彼惡世時 不空以有實 菩薩三德備"

【경문】須菩提　若是菩薩有法相　卽著我相人相衆生相壽
　　　　者相　何以故　須菩提　不應取法非不取法　以是義
　　　　故　如來常說筏喩法門　是法應捨非捨法故

"수보리야, 만약 이 보살에게 法相이 있으면 그것은 아
상·인상·중생상·수자상에 집착하는 것이다. 왜냐하면
수보리야, 마땅히 법도 취하지 않는데 하물며 非法을 취하
겠는가. 이런 까닭에 여래는 항상 뗏목을 비유한 법문26)을
설한다. 곧 이 법은 마땅히 버려야 한다. 그러나 그 법은
버릴 수가 없다.27)"

【약소】就第三文中有五句。初總明離妄方便。二何以
　　　　故。責成方便離相所由。第三一句。顯相二儀得

---

26) 筏喩法門 : 『筏喩經』에 "만일 뗏목의 비유를 아는 자라면 善法도 오히려
버릴 것인데 하물며 불선법이겠는가. 물을 건너가려고 하면 먼저 마땅히
뗏목을 취해 타고 가지만 저 쪽 언덕에 닿은 뒤에는 그 뗏목을 버리고 가
는 것 같이 하라." 라고 하였다. 『中阿含經』卷54「阿梨吒經」, (大正藏1,
p.764中-下). 『增一阿含經』卷38, (大正藏2, pp.759下-760上). 또한 稱
友의 『俱舍論疏』에는 "일체의 유위에 열반이 있다는 것은 무여열반을 말
하는 것이다. 만약 그렇다면 유루에 무여열반이 있기 때문에 유루에 有離
의 성품이 있다는 것은 지당할지라도 道聖諦는 어떤가. 법문은 '뗏목의 비
유와 같이 智者는 법마저도 버리는데 하물며 非法이랴'고 말하기 때문에
道聖諦에도 또한 出離가 있다. 때문에 일체의 유위는 有離이다."고 말하고
있다.

27) "是法應捨非捨法故" 부분을 풀어서 해석하면 다음과 같다. "곧 이 뗏목을
비유한 방편으로서의 법은 마땅히 버려야 한다. 그럼에도 불구하고 굳이
이 법에 의지하는 것은 그 법에 의지하여 지혜를 증득해야 하기 때문이다.
그러나 그 법은 버릴 수가 없다."

成方便。第四一句。擧喩以況。第五一句。述成
方便法也。凡論筏喩。有兩義取捨。初依筏時
取。二至岸離筏故捨。第二依筏未顯用故捨。若
至彼岸用彰顯故取。法合卽以此準之也。上來文
中我相等四種者。一者我相。見五陰差別。一一
陰中妄取是我。衆生相者。見身相續不斷相也。
命相者。一報命根不斷住故。亦云人相。壽者相
者。命根斷滅復生。受六道故也。就第二釋餘疑
中。大分有四。第一正釋餘疑。第二須菩提於意
云何須陀洹已下。泯相入實。第三佛言須菩提如
恒河中已下。校量其德。第四復次須菩提隨所有
處已下。顯德殊勝。就初文中。大分有二。初正釋
餘疑。二須菩提於意云何已下。校量會除前疑功德

(4)-③ 이 경문에는 5구가 있다.

③-㉮ 처음은 총괄적으로 離妄의 방편을 설명한다.

③-㉯ 둘은 「왜냐하면」 인데 방편을 성취하는 離相의
이유를 따져 설명한다.

③-㉰ 셋은 相의 두 가지 모습을 드러내어 방편을 성
취한다.

③-㉱ 넷은 「하물며」 하는 비유를 든다.

③-㉲ 다섯은 방편법의 성취를 서술한다.

무릇 뗏목의 비유를 논하는 것에는 取와 捨의 두 가지 뜻이 있다.

첫째, 먼저 뗏목에 의지한다는 것은 取이고, 다음 언덕에 이르러 뗏목을 버리는 것은 捨이다.

둘째, 뗏목에 의지하면서도 작용을 드러내지 않기 때문에 捨이고, 저 언덕에 이르러서는 작용을 현창하는 것은 取이다. 法에 합치한 즉 이로써 준하여 볼 수 있다.

위의 경문 가운데 아상 등 4종의 相은 다음과 같다.

첫째 아상은 오음의 차별을 보고 낱낱의 陰을 我라고 妄取하는 것이다.

둘째 중생상은 身이 상속하여 不斷하다고 보는 것이다.

셋째 명자상은 한 번 부여받은 명근이 不斷히 주한다는 것인데 달리 인상이라고도 한다.

넷째 수자상은 명근이 단멸했다가 다시 육도에 태어나는 과보를 받는다는 것이다.

ⅰ.－2. 다음은 둘째로서 나머지 의문은 크게 넷으로 나뉜다.

2.－1) 첫째는 정식으로 나머지 의문을 해석하는 것이다.

2.－2) 둘째는 「수보리야, 어떻게 생각하느냐. 수다원이 ….」 이하 부분으로서 相을 여의고 實에 들어가는 것이다.

2.-3) 셋째는 「부처님께서 수보리에게 말씀하셨다. 저
항하 가운데 ….」이하 부분으로서 그 복덕을 헤
아린 것이다.

2.-4) 넷째는 「다시 수보리야, 장소에 따라 어느 곳에서
나 이 법문을 ….」이하 부분은 그 복덕이 뛰어남
을 드러내는 부분이다.

2.-1) 첫째에도 크게 둘로 나뉜다.

1)-(1) 처음은 정식으로 나머지 의문을 해석하는 것이다.

1)-(2) 둘은 「수보리야, 어떻게 생각하느냐.」이하로서
위에서 꺼냈던 공덕에 대한 많은 의심들의 제거
를 헤아리는 부분이다.

【경문】 復次 佛告慧命須菩提 須菩提 於意云何 如來得
阿耨多羅三藐三菩提耶 如來有所說法耶 須菩提
言 如我解佛所說義 無有定法 如來得阿耨多羅三
藐三菩提 亦無有定法 如來可說 何以故 如來所
說法 皆不可取不可說 非法非非法 何以故 一切
聖人皆以無爲法得名

다시 부처님께서 혜명 수보리에게 말씀하셨다.

"수보리야, 어떻게 생각하느냐. 여래가 아뇩다라삼먁삼보

리를 얻었느냐. 여래께서 설한 법이 있느냐."

수보리가 말씀드렸다.

"부처님께서 설하신 뜻을 제가 알기로는 여래가 얻은 아뇩다라삼먁삼보리는 뭐라 정해진 법이 없으며, 또한 여래가 설한 것은 뭐라 정해진 법도 없습니다. 왜냐하면 여래가 설한 법은 모두 취할 수 있는 것이 아니고, 설할 수 있는 것도 아니며, 法도 아니요, 非法도 아니기 때문입니다. 왜냐하면 일체 성인은 다 무위법으로써 성인이라는 이름을 얻었기 때문입니다."

【약소】就初文中。大分有五。初總告須菩提審定其相有二可知。二須菩提言已下。答顯其義有二可知。三何以故已下。問答現實有二可知。四非法非非法已下。正顯其相。五何以故已下以法成人。幷去疑情。有二可知。文中所言非法非非法者。依眞如義說。非法者。一切法無體相故。非非法者。彼眞如無我相實有故。所以文中無有定法如來可說者。但有說卽能詮故。故論云。應化非眞佛。亦非說法者。說法不二取。無說離言相。此偈顯化身不證阿耨菩提。文言無有定法者。據化身爲語。說法不可取者。卽依眞如爲言。文中所以道一切聖人皆以無爲法爲名。非獨佛者。欲顯

一切皆有如令淸淨故也

1)-(1) 처음의 경문은 크게 다섯으로 나뉜다.

(1)-① 첫째는 총론적인 것으로서 부처님께서 수보리에
게 그 相에 두 가지가 있는데 살펴보면 알 수
있을 것이라고 말씀하신다.

(1)-② 둘째는 「수보리가 말씀드렸다.」 이하로서 그 뜻
에 두 가지가 있는 것을 알 수 있다는 것을 드
러내는 부분이다.

(1)-③ 셋째는 「왜냐하면」 이하로서 현실적으로 두 가
지가 있다는 것을 알 수 있다는 것에 대하여 문
답하는 부분이다.

(1)-④ 넷째는 「法도 아니요, 非法도 아니기 때문입니
다.」 이하로서 그 相을 정식으로 드러내는 부분
이다.

(1)-⑤ 다섯째는 「왜냐하면」 이하로서 무위법으로써 성
인을 성취하는 부분이다.

또한 疑情을 제거하는 데에도 두 가지가 있는 것을 알
수 있다.

경문에서 말한 바 「法도 아니요, 非法도 아니다.」는 것
은 진여에 의하여 뜻을 설한 것이다. '非法'이란 일체법에
體相이 없기 때문이다. '非非法'이란 저 진여에 아상의 실

유는 없기 때문이다.

때문에 경문에서 말한 「여래가 설한 것은 뭐라 정해진 법도 없습니다.」는 것은 설이 있다면 그것은 能詮일 뿐이라는 것이다.

그래서 『논』의 게송에서는 다음과 같이 말한다.

응신과 화신은 진불도 아니고
또한 설법하는 사람도 아니네
설법을 취함도 설함도 못함은
설법의 언상 초월한 까닭이네[28]

이것은 화신은 아뇩다라삼먁삼보리를 증득하지 못한다는 것을 드러낸 것이다.

경문에서 말한 「뭐라 정해진 법이 없다.」는 것은 화신에 의거하여 말한 것이다.

「설법은 치할 수 있는 것이 아니다.」는 것은 곧 진여에 의하여 말한 것이다.

경문에서 말한 「왜냐하면 일체 성인은 다 무위법으로써 성인이라는 이름을 얻었기 때문입니다.」는 것은 獨佛이 아니라 일체를 모두 그와 같이 청정케 하려는 것을 드러낸 것이다.

---

28) 天親, 『金剛般若論』 卷上, (大正藏25, p.784中) "應化非眞佛 亦非說法者 說法不二取 無說離言相"

【경문】須菩提 於意云何 若滿三千大千世界七寶 以用布
施 須菩提 於意云何 是善男子善女人所得福德寧
爲多不 須菩提言 甚多婆伽婆 甚多修伽陀 彼善
男子善女人得福甚多 何以故 世尊是福德聚卽非
福德聚 是故如來說福德聚福德聚

"수보리야, 그대는 어떻게 생각하느냐. 만약 삼천대천세
계에 가득할 만큼의 칠보29)를 가지고 보시한다고 하자.

수보리야, 그대는 어떻게 생각하느냐. 이 선남자와 선여
인이 얻은 복덕이 얼마나 많겠느냐."

수보리가 말씀드렸다.

"매우 많을 것입니다. 바가바시여, 매우 많을 것입니다.
수가타시여, 저 선남자·선여인이 얻은 복덕은 매우 많을
것입니다. 왜냐하면 세존이시여, 그 복덕은 곧 복덕이 아니
기 때문입니다. 그런 까닭에 여래는 복덕복덕이라 말하는 것
입니다."

---

29) 七寶 : 金·銀·琉璃·頗璃·車栗·赤珠·馬瑙를 말한다. 『長阿含經』
卷18 閻浮提洲品, 『大樓炭經』 卷1 閻浮利品, 『起世因本經』 卷1 閻浮洲
品 등. 7보의 하나하나에 대해서는 제 경론이 같지가 않다. 가령 『무량수경』
권상에는 頗璃와 赤珠를 제외하고 珊瑚와 琥珀을 포함시키고 있다. 『法華
經』 卷4 授記品에서는 赤珠를 제외하고 玫瑰를 포함하며, 『大阿彌陀經』
卷上과 『平等覺經』 卷1에는 赤珠와 馬瑙를 제외하고 珊瑚와 琥珀을 포
함시키고 있다.

【약소】就第二校量除疑德內有二。初約其義顯德無量。
幷會初疑。二佛言須菩提若善男子善女人已下。
顯其教勝功德無量。卽會前第二疑。法雖不可取
不可說。而德不空故。故論云。受持法及說。不
空於福德。福不趣菩提。二能趣菩提。此偈演何
義。受持及演說。二能趣菩提。少一卽不成。文
言福德聚者。有二種聚。一者積聚義。卽自分
德。二者進趣義。則他分德。積聚之義是自分
故。不能獨得菩提。云何福德聚。第二進趣義。
攝前積聚能至大菩提故。文云如來說福德聚福德
聚。初福德聚。是積聚福德聚。次福德聚。是進
趣福德聚。初云世尊是福德聚者。卽單一福德
聚。就初文中有二。初擧布施事校量。文有三可
知。二彼善男子善女人已下。正校量顯勝。此文
有四可知。文云得福甚多者。具二福德聚。故甚
多也。文云何以故者。責須具足所以也。問此中
明解。何故擧行顯德。答欲令解行故。而又擧
行。令人解行

1)-(2) 둘째의 의심의 제거를 헤아리는 부분이다.
복덕에도 두 가지가 있다.

(2)-① 처음은 그 뜻을 가지고 복덕이 무량하다는 것을

드러내는 것이다. 이것은 바로 위에서 말한 '진여에 의하여 뜻을 설한 것'에 해당된다.

(2) - ② 둘은 「부처님께서 말씀하셨다. "수보리야, 어떤 선남자·선여인이 ….」 이하로서 교설의 뛰어난 공덕이 무량하다는 것을 드러내는 부분이다. 이것은 바로 위에서 말한 '화신에 의거하여 말한 것'에 해당된다. 설법이 비록 불가취하고 불가설이지만 그 공덕은 헛되지 않기 때문이다.

그래서 『논』에서는 다음과 같이 말한다.

법을 수지하고 설하는 경우
복덕은 허망한 것이 아니다
복은 보리가 되지 못하지만
수지와 설은 보리가 된다네.[30]

이 게송은 무슨 뜻을 설명한 것인가.

受·持 그리고 연설의 두 가지는 보리에 나아갈 수 있지만 조금도 그것을 성취하지 않는다는 것이다.

경문에서 말한 「복덕」이란 2종이 있다.

② - ㉮ 하나는 쌓는다[積聚]는 것으로서 自分의 덕이다.

② - ㉯ 둘은 나아간다[進趣]는 뜻으로서 他分의 덕이다.

---

30) 天親, 『金剛般若論』 卷上, (大正藏25, pp.784下 - 785上) "受持法及說 不空於福德 福不趣菩提 二能趣菩提"

먼저 積聚의 뜻은 自分이기 때문에 홀로 보리를 얻을 수가 없는데 어떻게 복덕이라 할 수 있겠는가.

다음으로 進趣의 뜻은 앞의 積聚를 포함하여 대보리에 나아갈 수 있기 때문이다.

경문에서 말한 「여래는 복덕 복덕이라 말하는 것입니다.」에서 앞의 복덕은 積聚의 복덕이고, 다음에 말한 복덕은 進趣의 복덕이다.

(2) - ① 「세존이시여, 그 복덕은」이라는 것은 곧 단일한 복덕이다.

이 경문에도 두 가지가 있다.

① - ㉮ 하나는 보시행위에 대한 비교를 드는 것이다.

경문에는 세 가지가 있다는 것을 알 수 있을 것이다.

① - ㉯ 둘은 「저 선남자·선여인이 얻은」 이하로서 공덕의 뛰어남을 정식으로 헤아리는 것이다.

이 경문에는 네 가지가 있다는 것을 알 수 있을 것이다.

경문에서 말한 「얻은 복덕은 매우 많을 것입니다.」는 것은 두 가지 복덕(積聚福德과 進趣福德)을 구족한다는 말이다. 때문에 매우 많다는 것이다.

경문에서 말한 「왜냐하면」 이라는 것은 모름지기 구족해야 하는 이유를 따져서 설명한 것이다.

묻는다 : 여기에서 설명하여 이해시키고 있는 것은 무슨 까닭에 보시행을 들어 그 복덕을 드러내는 겁니까.

답한다 : 이해시켜 행하게끔 하려는 것이다. 그리고 다시
행을 들어 사람으로 하여금 이해하고 행하게끔 하려는 것
이다.

【경문】 佛言 須菩提 若善男子善女人 以滿三千大千世界
　　　　七寶持用布施 若復有人 於此經中受持乃至四句偈
　　　　等爲他人說 其福勝彼無量不可數 何以故 須菩提
　　　　一切諸佛阿耨多羅三藐三菩提法 皆從此經出 一切
　　　　諸佛如來 皆從此經生 須菩提 所謂佛法佛法者卽
　　　　非佛法是名佛法

부처님께서 말씀하셨다.

　"수보리야, 어떤 선남자·선여인이 삼천대천세계에 가득
한 칠보를 가지고 보시한다고 하자. 또한 이 경전을 受하
거나 持하거나 내지 사구게31) 등을 타인에게 설해준다면

─────────────

31) 四句偈 : 『金剛仙論』卷4, (大正藏25, p.821上)에는 "여기에서 하나의 四
　　句偈라고 하는 것은 偈와 長行을 말하는 것이 아니다. 다만 법신의 이치를
　　표현하여 만족시키는 자에게는 그것이 곧 하나의 四句偈가 된다. 因緣事
　　등을 설하는 경문을 가지고 하나의 사구게로 삼지는 않는다."고 말한다. 그
　　러나 『金剛經纂要刊定記』卷4, (大正藏33, p.205下)에서는 "一句로써 一
　　義를 설명하여 一義로써 一句를 삼으려면 四義여야만 진실로 一偈을 이루
　　게 된다. 一異·有空·常無常 등 모두 각각 四句가 있다. 그래서 지금 경
　　문의 사구는 사람들의 설과 같지 않다. 어떤 사람은 무아·무인상·무중생
　　상·무수자상을 사구로 삼는다고 설하고, 어떤 사람은 若以色見我 등을
　　가지고 사구를 삼는다고 설하며, 어떤 사람은 一切有爲法 등을 가지고 사
　　구를 삼는다고 말하고, 어떤 사람은 다만 하나의 경전 가운데에서 임의로
　　취한 경문을 가지고 사구로 삼는다고 말하며, 어떤 사람은 처음의 如是로

이 복이 저 칠보의 복보다 뛰어나기가 한량이 없어 헤아릴
수가 없다. 왜냐하면 수보리야, 일체제불의 아뇩다라삼먁삼
보리의 법도 다 이 경전에서 나오고, 일체제불여래도 다 이
경전에서 生하기 때문이다."

"수보리야, 이른바 불법 불법이라는 것은 곧 불법이 아
니다. 바로 이것을 불법이라 한다."

【약소】就第二顯教功德中。大分有四。初略擧施事。卽
　　　爲能校量。二若復有人於此經中已下。正明校
　　　量。此文有二可知。三何以故已下。除疑顯德。
　　　此文有四可知。四須菩提所謂佛法已下。述成其
　　　義。文言皆從此經出者。法身菩提出在此經。此
　　　敎卽爲了因。報身菩提及化菩提。此敎爲生因。
　　　故言皆從此經出。文言所謂佛法者。述正佛法。
　　　分別不得。故云非佛法。非彼餘人分別之佛法。

부터 마지막 奉行에 이르기까지 모두가 사구를 이룬다고 말한다. 그러나
위와 같은 모든 설은 올바른 뜻이 아니다. 무릇 이제부터 그 올바른 뜻을
설명해 보자면 곧 有無 등을 가지고 사구로 삼아야 한다. 소위 첫째는 곧
有의 句이고, 둘째는 無의 句이며, 셋째는 亦有亦無의 句이고, 넷째는 非
有非無의 句이다. 文義가 겸비되어 있기 때문에 最妙라고 한다. 이 四義
는 잘 實相에 통한다. 곧 이것이 四門이다."라고 말하고 있으므로 여러 가
지 설이 있음을 알 수가 있다. 그러나 뒤에 언급하는 길장의 해석이 가장
타당하다 할 수 있을 것이다. 사구로 이루어진 게송이라 하면 시 형태의
게송이 생각되지만 여기에서는 구체적인 것을 지목하고 있다고 보는 것은
적절치 않을 것이다. 오히려 이 경문의 어떤 句 혹은 短文이라는 의미로
해석해야 할 것이다.

唯獨諸佛法。第一不共義。以與第一法爲因。故
福德多不可校量也。就大段第二泯相入實中。大
分有二。初泯小乘行位以從實法。二佛告須菩提
於意云何如來昔在已下。會大乘行位以從實法。
就初文中有二。初會其小位。二以須菩提實無所
行已下。會其行相以顯實

(2) - ② 둘째의 교설의 뛰어난 공덕이 무량하다는 것을
　　　드러내는 부분에는 크게 넷으로 나뉜다.

② - ㉮ 처음은 간략하게 보시이 행위를 언급하는데 이
　　　것은 能校量이다.

② - ㉯ 둘은 「만약 또 어떤 사람이 이 경전 가운데 …」
　　　이하는 정식으로 校量을 설명하는 부분이다.
　　　이에 해당하는 경문에는 두 가지가 있는 것을
　　　알 수 있을 것이다.

② - ㉰ 셋은 「왜냐하면」 이하로서 의심을 제거하여 공
　　　덕을 드러내는 부분이다.
　　　이에 해당하는 경문에는 네 가지가 있는 것을
　　　알 수 있을 것이다.

② - ㉱ 넷은 「수보리야, 이른바 불법 …」 이하로서 성
　　　취된 그 뜻을 서술하는 부분이다.

경문에서 말한 「다 이 경전에서 나온다.」라는 것은 법신

과 보리가 이 경전에서 나온다는 것인데 이 가르침은 곧 了因이 된다. 보신의 보리와 화신의 보리의 가르침은 生因이 된다. 때문에 경문에서 「다 이 경전에서 나온다.」고 말한 것이다.

경문에서 말한 「이른바 불법 ….」이란 바른 불법을 서술한 것이다.

그리고 분별로는 얻을 수 없는 것이기 때문에 「불법이 아니다.」고 말한 것이다.

이것은 저 다른 사람들이 분별할 수 있는 것이 아니고 유독 제불의 법일 뿐이다. 그리고 第一의 不共義로서 第一法의 因이 된다. 때문에 이 복덕의 많음은 교량할 수가 없다.

2.‒2) 둘째의 「수보리야, 어떻게 생각하느냐. 수다원이 ….」 이하 부분으로서 相을 여의고 實에 들어가는 것이다.

이것은 크게 둘로 나뉜다.

2)‒(1) 첫째는 소승의 행위를 여의고 실법을 따르는 것이다.

2)‒(2) 「부처님께서 수보리에게 말씀하셨다. 어떻게 생각하느냐. 여래가 옛적에 연등불 계시는 곳에서 ….」 이하는 대승의 행위를 모아서 실법을 따르는 부분이다.

2)-(1) 첫째의 경문에도 두 가지가 있다.

(1)-① 처음은 그 소승위를 모으는 것이다.

(1)-② 둘은「수보리는 실로 無諍行을 행했다고 집착하는 바가 없기 때문에」이하로서 대승의 행상을 모아서 실법을 드러내는 부분이다.

【경문】須菩提 於意云何 須陀洹能作是念 我得須陀洹果 不 須菩提言 不也世尊 何以故 實無有法名須陀 洹 不入色聲香味觸法 是名須陀洹 佛言 須菩提 於意云何 斯陀含能作是念 我得斯陀含果不 須菩 提言 不也世尊 何以故 實無有法名斯陀含 是名 斯陀含 須菩提 於意云何 阿那含能作是念 我得 阿那含果不 須菩提言 不也世尊 何以故 實無有 法名阿那含 是名阿那含

"수보리야, 어떻게 생각하느냐. 수다원이 다음과 같이 '나는 수다원과를 증득하였다.'고 생각하겠느냐."

수보리가 말씀드렸다.

"아닙니다. 세존이시여. 왜냐하면 실로 수다원이라 이름 할 만한 법이 없기 때문에 색・성・향・미・촉・법에 들지 않는 것을 이름하여 수다원이라 합니다."

"수보리야, 어떻게 생각하느냐. 사다함이 다음과 같이

'나는 사다함과를 증득하였다.'고 생각하겠느냐."

수보리가 말씀드렸다.

"아닙니다. 세존이시여, 왜냐하면 실로 사다함이라 이름할 만한 법이 없기 때문에 사다함이라 이름합니다."

"수보리야, 어떻게 생각하느냐. 아나함이 다음과 같이 '나는 아나함과를 증득하였다.'고 생각하겠느냐."

수보리가 말씀드렸다.

"아닙니다. 세존이시여, 왜냐하면 실로 아나함이라 이름할 만한 법이 없기 때문에 아나함이라 이름합니다."

【약소】就初文中。須陀洹等四位。卽爲四段。前三果各
　　　　分有五可知

(1)-① 처음의 경문 가운데 수다원 등 4위가 4단락으로
　　　되어 있다. 앞의 3果 곧 수다원·사다함·아나
　　　함은 각각 다섯 가지로 나뉘어진다는 것은 알
　　　수 있을 것이다.

【경문】須菩提 於意云何 阿羅漢能作是念 我得阿羅漢果
　　　　不 須菩提言 不也世尊 何以故 實無有法名阿羅漢
　　　　世尊 若阿羅漢作是念 我得阿羅漢 卽爲著我人衆
　　　　生壽者 世尊 佛說我得無諍三昧最爲第一 世尊說

我是離欲阿羅漢 世尊 我不作是念我是離欲阿羅
漢 世尊 我若作是念我得阿羅漢 世尊則不記我無
諍行第一

"수보리야, 어떻게 생각하느냐. 아라한이 다음과 같이 '나는 아라한을 증득하였다.'고 생각하겠느냐."

수보리가 말씀드렸다.

"아닙니다. 세존이시여, 왜냐하면 실로 아라한이라 말할 만한 법이 없기 때문입니다. 세존이시여, 만약 아라한이 다음과 같이 '내가 아라한을 증득했다.'고 생각한다면 그것은 곧 아·인·중생·수자에 집착하는 것이 됩니다.

세존이시여, 부처님께서는 제가 무쟁삼매 가운데 가장 으뜸가는 것[最爲第一]을 증득했다고 설하십니다. 세존께서는 저를 離欲阿羅漢이라 설하십니다. 그러나 세존이시여, 저는 '나는 이욕아라한이다.'는 생각을 하지 않습니다. 세존이시여, 제가 만약 다음과 같이 '나는 아라한을 증득하였다.'고 생각한다면 세존께서는 저를 가리켜 '無諍行 가운데 第一人者이다.'는 수기를 주지 않으셨을 것입니다."

【약소】就阿羅漢文中。大分有七。初審定其法。二答。
三何以故責。四顯其實法。五反以顯過。六順成
其德。此文有三可知。七有一句。反述已結成所

以。此位皆得從實。由佛所說皆以無爲法爲名
故。由聖人無爲故。不取六塵境界以爲我所。故
文言不入色聲香味觸法也。入之言得耳。言須陀
洹者。此云逆流。逆分段生死流故。斯陀含者。
此云住薄。住薄煩惱故。阿那含者。此云不還。
不還欲界故。阿羅漢者。此云不受。不受三界
故。文言作是念我得阿羅漢卽爲著我人衆生壽
者。此有二種義。一者正使。二者習氣。若在觀
中。習氣亦不生。若在觀外。正使心必不起。故
言實無有法名須陀洹等。尋此文相。正意少隱。
欲覆法我名。引聲聞人以我人從其一實大乘。攝
彼法執分別入習氣我人。是文中意。若攝人習屬
法執一觀俗引得聲聞同一乘也。少得相應。所以
知者。於彼證離取我等煩惱。是故無如是心我能
得果。若是正使。觀外亦不起。何須說觀中。以
此故知無諍行。亦準正習二門取之。又四果人
等。各皆自分離麤煩惱。是自境界無有分別。卽
是實性三般若。若餘分別。卽非聖意。名增減
執。此可思準

그러나 아라한에 대한 경문은 크게 일곱 가지로 나뉜다.
처음은 그 법을 판가름해 정하는 것이다.

둘은 답변이다.

셋은 「왜냐하면」이라 하여 따져서 설명해 주는 부분이다.

넷은 그 실법을 드러내는 부분이다.

다섯은 그 반대의 입장을 취하여 허물을 드러내는 것이다.

여섯은 그 덕을 수순하는 것이다. 이에 해당하는 경문에는 세 가지가 있는 것을 알 수 있을 것이다.

일곱은 1구가 있는데 그 반대의 입장을 서술하여 아라한과를 結成한 이유에 대한 것이다. 이 아라한위는 모두 실법으로부터 획득된다. 왜냐하면 불설법은 모두 무위법으로 불법이라는 명칭을 얻기 때문에, 그리고 성인도 모두 무위법으로 성인이라는 명칭을 얻기 때문이다. 그래서 육진경계로써 아소를 삼는 일이 없기 때문에 경문에서 「색·성·향·미·촉·법에 들지 않는다.」고 말한다.

여기에서 「들지 않는다.」에서 「든다.」는 것은 「얻는다.」는 것을 가리킨다.

「수다원」이란 번역하면 逆流이다. 이것은 분단생사의 흐름을 거스르기 때문이다.

「사다함」이란 번역하면 住薄이다. 이것은 옅은 번뇌에 주하기 때문이다.

「아나함」이란 번역하면 不還이다. 욕계에 돌아오지 않기 때문이다.

「아라한」이란 번역하면 不受이다. 삼계의 업보를 받지

않기 때문이다.

경문에서 말한 「내가 아라한을 증득했다고 생각한다면 그것은 곧 아·인·중생·수자에 집착하는 것이 됩니다.」는 것에는 두 가지 뜻이 있다.

하나는 正使이고, 둘은 習氣이다.

觀內에 있으면 習氣가 또한 생하지 않고, 觀外에 있으면 正使心 반드시 일어나지 않는다. 때문에 「실로 수다원이라 말할 만한 것이 없기 때문에」등등이라 말한다.

이 경문의 相을 자세하게 살펴보면 바른 뜻이 살짝 감추어져 있다. 이것은 法我라는 이름을 덮어두고 성문인을 끌어들임으로써 我·人이 그 一實大乘임을 좇으려는 것이다.

그리고 저 법집을 분별하여 습기에 들어가는 我·人을 포함하려는 것이다. 이것이 곧 경문의 의도이다.

만약 人習을 攝하고 法執을 屬하여 一觀으로 俗引하여 성문을 얻는다면 일승과 같아져 약간이나마 상응하기 때문이다. 때문에 知者는 저 四向四果의 證에서 取我 등의 번뇌를 여의게 된다. 이런 까닭에 그와 같은 마음에는 자신이 四向四果 등을 得果했다는 생각이 없다.

만약 이 正使가 觀外에서 또한 일어나지 않는다면 어찌 모름지기 觀中에서 설할 필요가 있겠는가. 이런 까닭에 無諍行 또한 正使와 習氣의 二門에 준하여 그것을 취한다는 것을 알아야 한다.

또한 四果人 등은 각각 모두 스스로 麤煩惱를 여의므로 自境界에 分別이 없다. 곧 이것이 실성의 3종반야이다. 만약 그밖에 분별한다면 그것은 곧 聖意가 아니라 增減執이라 말할 것이다. 이것은 생각해보면 알 수가 있다.

【경문】以須菩提 實無所行 而名須菩提 無諍無諍行

"그러나 수보리는 실로 無諍行을 행했다고 집착하는 바가 없기 때문에 '수보리는 無諍行者다 無諍行者다.'고 말하는 것입니다."

【약소】就第二會大乘行位中。大分有二。初會大乘得法之
　　　　始位。二佛告須菩提若菩薩作是言已下。會其行法

(1)-② 둘째 대승의 행상을 모아서 실법을 드러내는 부분에도 크게 둘로 나뉜다.

②-㉮ 하나는 대승의 행위를 모아 득법하는 처음의 계위이다.

②-㉯ 둘은 「부처님께서 수보리에게 말씀하셨다. 보살이 만약 다음과 같이 ….」 이하로서 그 대승행법을 모은 부분이다.

【경문】佛告 須菩提 於意云何 如來昔在然燈佛所 得阿
耨多羅三藐三菩提法不 須菩提言 不也世尊 如來
在然燈佛所 於法實無所得阿耨多羅三藐三菩提

부처님께서 수보리에게 말씀하셨다.

"어떻게 생각하느냐. 여래가 옛적에 연등불[32] 계시는 곳
에서 아뇩다라삼먁삼보리의 법을 얻었느냐."

수보리가 말씀드렸다.

"아닙니다. 세존이시여. 여래께서 연등불 계시는 곳에서 법
에 있어서 실로 아뇩다라삼먁삼보리를 얻은 바가 없습니다."

【약소】初文有三可知。所以須會者。爲於然燈佛所言語

---

32) 燃燈佛 : 원어는 Dīpaṅkara - tathāgata이다. 석존의 因位에 있어서 수기를
준 佛이다. 『大毘婆沙論』 卷178에는 다음과 같은 내용이 있다. "묻는다 :
이 四波羅蜜多를 닦을 때에 어느 정도의 劫阿僧企耶에 있어서 얼마나 많
은 佛에게 봉사했는가. 답한다 : 初劫阿僧企耶에 7만 5천佛에게 봉사하였
다. 최초를 석가모니라 이름하고 최후를 寶髻라 이름한다. 第二劫阿僧企耶
에는 7만 6천佛에게 봉사하였다. 최초는 寶髻라 하였고 최후는 燃燈이라
이름하였다. 第三劫阿僧企耶에는 7만 7천佛에게 봉사하였다. 최초는 연등
이고 최후는 勝觀이라 이름하였다. 相異熟業을 닦는 91겁 중에 있어서 6
佛에게 봉사하였다. 최초는 勝觀이고 최후는 迦葉波라 이름하였다. 진실로
알아야 한다. 이것은 석가보살에 의해서 설해졌다는 것을. 만약 余의 보살
이라면 不定하다. 이와 같이 석가보살은 迦葉波菩薩 때에 있어서 四波羅
蜜多를 먼저 나누어 따라서 만족시키고, 相異熟業은 지금 잘 원만히 하며.
이 瞻部洲에서 죽어 覩史多天에 태어나 天趣의 최후의 異熟를 받는다." 『大
智度論』 卷9에서는 "연등불은 태어날 때 일체의 신변이 등과 같았기 때문
에 연등태자라 하였고, 성불해서도 또한 연등이라 하였다."고 한다. 기타 『增
一阿含經』 卷11, 卷13, 卷40. 『修行本起經』. 『마하바스투 : 大史』. 『大智
度論』 卷4 참조.

所說不取證法。今以證知不可說不可取。眞實之
義成無取說故也。就第二會行文中。大分有二。
初會依報土因行。二須菩提譬如有人已下。會正
報行

②-㉮ 처음에 해당하는 경문에는 세 가지가 있다는 것
을 알 수 있을 것이다. 왜냐하면 모름지기 '모은
다.'라는 것은 연등부처님 밑에서 설법한 언어로
는 證法을 취할 수 없기 때문이다. 이제 이로써
불가설하고 불가취라는 것을 證知하는 것이다.
왜냐하면 진실한 뜻은 언설로는 취할 수 없는
것[無取說]으로 성취되기 때문이다.

②-㉯ 둘의 대승행법을 모은 경문도 둘로 나뉜다.

㉯-㉠ 하나는 의보인 국토의 因行을 모으는 부분이다.

㉯-㉡ 둘은 「수보리야, 비유하면 어떤 사람의 몸이 ……」
이하로서 정보의 인행을 모으는 부분이다.

【경문】佛告須菩提 若菩薩作是言 我莊嚴佛國土 彼菩薩
不實語 何以故 須菩提 如來所說莊嚴佛土者則非
莊嚴是名莊嚴佛土 是故須菩提 諸菩薩摩訶薩 應
如是生淸淨心 而無所住 不住色生心 不住聲香味
觸法生心 應無所住而生其心

부처님께서 수보리에게 말씀하셨다.

"만약 보살이 다음과 같이 '나는 불국토를 장엄했다.'고 말한다면 그 보살의 말은 진실이 아니다. 왜냐하면 수보리야, 여래께서 설한 장엄불토라는 것은 곧 장엄이 아니기 때문에 장엄불토라 말한다.

이 때문에 수보리야, 모든 보살마하살은 마땅히 이와 같이 청정심을 내되 머무는 바가 없어야 한다. 색에도 住하지 않고 마음을 내고, 성·향·미·촉·법에도 住하지 않고 마음을 내야 한다. 마땅히 住하는 바 없이 마음을 내야 한다."

【약소】 就依報中。大分有四。初總擧顯過。二何以故已下。責成過所以。三須菩提如來所說莊嚴佛土者。答卽對過顯眞。四是故須菩提諸菩薩已下。觀成實相。此文有四。初第一成實相心。二而無所住者。顯心相。三不住色生心。對過顯眞。四應無所住。述成正義。此淨土等。眞實智成。故不可取。若言可取。彼不實說。文言卽非莊嚴是名莊嚴佛土者。第一義相土非形相。及第一並是莊嚴成。非有爲形相也

㉯-㉠ 의보에 해당하는 경문도 크게 네 가지로 나뉜다.

㉠-ⓐ 하나는 총론적으로 들어 허물을 드러낸다.

㉠-ⓑ 둘은 「왜냐하면」 이하로서 허물이 성취되는 이유를 따져서 설명하는 부분이다.

㉠-ⓒ 셋의 「수보리야, 여래께서 설한 장엄불토라는 것은」 부분은 허물에 상대하여 진실을 드러내는 답변이다.

㉠-ⓓ 넷은 「이 때문에 수보리야, 모든 보살마하살은 마땅히」 이하로서 실상의 성취를 관찰하는 부분이다.

㉠-ⓓ 이 경문도 넷으로 나뉜다.

ⓓ-가. 처음은 제일의제로서 실상을 성취하는 마음이다.

ⓓ-나. 둘은 無所住로서 청정심의 相을 드러낸다.

ⓓ-다. 셋은 색에 不住하여 청정심을 내는 것인데 이것은 허물에 상대하여 진실을 드러내는 것이다.

ⓓ-라. 넷은 마땅히 住하는 바 없는 것[應無所住]으로서 바른 뜻의 성취를 서술한다.

이 정토 등은 眞實智로써 성취된 것이기 때문에 취할 수가 없다. 만약 취할 수 있다면[可取] 그것은 진실한 설법[實說]이 아니다.

경문에서 말한 「곧 장엄이 아니기 때문에 장엄불토라 이름한다.」는 것은 第一義相國土로서 형상이 아니고, 또한 제일의국토 및 장엄의 성취는 有爲의 形相도 아니라는 것이다.

【경문】須菩提 譬如有人身 如須彌山王 須菩提 於意云
何 是身爲大不 須菩提言 甚大世尊 何以故 佛說
非身是名大身 彼身非身是名大身

"수보리야, 비유하자면 어떤 사람의 몸이 수미산왕만큼 크
다고 하자. 수보리야, 어떻게 생각하느냐. 그 몸이 크겠느냐."
수보리가 말씀드렸다.
"매우 큽니다. 세존이시여, 왜냐하면 부처님께서는 몸이
아닌 그것을 큰 몸이라 말한다고 설하시기 때문입니다. 그
몸은 몸이 아니므로 곧 큰 몸이라 말하는 것입니다."

【약소】就第二會正報行中。有五段經。初擧事以況。第
二審定可不。三須菩提答。四問答顯正義。第五
述結。文言須彌山王大者。勢高遠故名爲大。而
無所取我是山王。以無分別。佛亦如是。無上法
王無分別故。佛說非身是名大身。以無分別相
故。彼身非身。非諸漏身。是名大身者。以有淸
淨身故。就第三校量顯德中。大分有二。初擧多
功德爲能校量。二佛告須菩提已下。正校量顯
德。就初文中有二。初成多功德因緣。二佛言須
菩提我今實言告汝已下。顯多功德

⨆ – ⓛ 둘은 정보의 인행을 모으는 부분에 해당하는 경
　　　문에는 다섯 가지 단락이 있다.

ⓛ – ⓐ 하나는 예를 들어서 그에 비유하는 것이다.

ⓛ – ⓑ 둘은 그 헤아릴 수 있는가를 審定하는 것이다.

ⓛ – ⓒ 셋은 수보리의 답변이다.

ⓛ – ⓓ 넷은 문답으로 바른 뜻을 드러낸다.

ⓛ – ⓔ 다섯은 결론을 서술한다.

경문에서 말한 「수미산왕만큼 크다.」는 것은 그 형세가
높고 멀기 때문에 크다[大]고 한다. 그런데도 산왕이라고
我를 취하는 바가 없으므로 무분별이다. 부처님도 또한 그
와 같이 無上法王이면서 법왕이라는 분별이 없다.

「부처님께서는 몸이 아닌 그것을 큰 몸이라 이름한다.」
라는 이유는 무분별상이기 때문이다.

「그 몸은 몸이 아니므로」는 것은 그것이 모두 유루의 身
이 아니라는 것이다.

「곧 큰 몸이라 이름하는 것이다.」는 것은 그것이 청정신
이기 때문이다.

② – ⨆ 셋은 공덕을 드러내는 부분은 크게 두 가지로
　　　나뉜다.

⨆ – ㉠ 처음은 공덕이 많음을 들어 能校量으로 삼는다.

⨆ – ⓛ 둘은 「부처님께서 수보리에게 말씀하셨다. 칠보를
　　　가지고 항하의 모래 수만큼의 세계에 가득 채워서

…」이하로서 正校量으로 공덕을 드러낸다.

㉰ - ㉠ 처음의 경문에도 두 가지가 있다.

㉠ - ⓐ 하나는 공덕이 많은 인연을 성취하는 것에 대한
것이다.

㉠ - ⓑ 둘은 「부처님께서 말씀하셨다. 수보리야, 나는 지
금 진실한 말로[實言] 그대에게 말한다.」이하로
서 공덕이 많음을 드러내는 부분이다.

【경문】佛言 須菩提 如恒河中所有沙數 如是沙等恒河 於
意云何 是諸恒河沙寧爲多不 須菩提言 甚多世尊
但諸恒河尙多 無數何況其沙 佛言 須菩提 我今實
言告汝 若有善男子善女人 以七寶滿爾所恒河沙數
世界 以施諸佛如來 須菩提 於意云何 彼善男子
善女人得福多不 須菩提言 甚多世尊 彼善男子善
女人得福甚多 佛告須菩提 以七寶滿爾所恒河沙世
界 持用布施 若善男子善女人 於此法門乃至受持
四句偈等 爲他人說 而此福德勝前福德無量阿僧祇

부처님께서 말씀하셨다.

"수보리야, 저 항하에 있는 모래 수만큼 또 그렇게 많은
항하가 있다면 그대는 어떻게 생각하느냐. 그 모든 항하의
모래 수가 얼마나 많겠느냐."

수보리가 말씀드렸다.

"매우 많습니다. 세존이시여, 다만 모든 항하만 해도 수없이 많거늘 하물며 그 항하에 있는 모래 숫자이겠습니까."

부처님께서 말씀하셨다.

"수보리야, 내가 지금 진실한 말로 그대에게 말하고 있다. 만약 어떤 선남자·선여인이 칠보를 가지고 항하의 모래 수만큼의 세계에 가득 채워서 제불여래에게 보시한다고 하자. 수보리야, 어떻게 생각하느냐. 그 선남자·선여인이 얻은 복덕이 많겠느냐."

수보리가 말씀드렸다.

"매우 많습니다. 세존이시여, 그 선남자·선여인이 얻은 복덕은 매우 많습니다."

부처님께서 수보리에게 말씀하셨다.

"칠보를 가지고 항하의 모래 수만큼의 세계에 가득 채워서 그것을 가지고 보시한다고 하자. 또한 어떤 선남자·선여인이 이 법문을 내지 受하거나 持하거나 사구게 등을 가지고 남에게 설해준다고 하자. 그러면 이 복덕이 저 앞의 복덕보다 뛰어나기가 무량아승지배나 된다.

【약소】前文有四句。後文有五句。可知。問此門校量。
　　　　與前除疑後校量何別。論自分云。前說三千大千
　　　　譬喻。明福德多。今重說無量三千世界。倍多前

故。所以倍前者。爲漸化衆生。令生深信故。又
前釋疑。未泯諸相。故少校量。今此泯相。得大
菩提。功德勝故。大校量也

2. – 3) – (1)

공덕이 많음을 들어 能校量으로 삼고 있는 경문에는 4
구가 있고, 3. – 2) 正校量으로 공덕을 드러내고 있는 경문
에는 5구가 있다는 것은 알 수 있을 것이다.

위의 경문은 校量에 대한 질문이다. 먼저 의심을 제거하
고 나중에 공덕이 어떻게 다른가를 校量한다.

『논』에서는 「앞에서는 삼천대천세계의 비유를 설하여 복
덕이 많다는 것을 설명하였다. 그런데 지금 거듭하여 무량
한 삼천대천세계를 설하는 것이다.」[33]고 말한다.

이것은 앞에서 든 비유의 공덕보다 몇 배나 공덕이 많기
때문이다. 앞의 비유보다 몇 배나 공덕이 많은 이유는 점차
중생을 교화하여 깊은 信心을 내도록 하기 위함이다.

또한 먼저 의심을 해석한 것은 아직 諸相을 없애지 못하
였기 때문에 少校量이었다. 그런데 지금은 그 諸相을 없앴기
때문에 대보리를 얻어 공덕이 뛰어나기 때문에 大校量이다.

【경문】復次須菩提 隨所有處說 是法門乃至四句偈等 當

---

33) 天親, 『金剛般若論』 卷中, (大正藏25, p.786下)

知此處一切世間天人阿脩羅　皆應供養如佛塔廟
何況有人盡能受持讀誦此經　須菩提　當知是人成
就最上第一希有之法　若是經典所在之處　則爲有
佛　若尊重似佛

"또한 수보리야, 장소에 따라 어느 곳에서나 이 법문 내
지 사구게 등을 설해지는 곳이 있다고 하자. 그러면 마땅히
그 곳은 일체 세간의 천·인·아수라[34] 등이 모두 응당 부
처님의 탑묘에 공양하듯이 한다는 것을 알아야 한다.

하물며 어떤 사람이 이 경전을 모두 受하거나 持하거나

---

34) 阿修羅 : 원어는 asura로서 非天·不端正·非善戲·非同類 등으로 번역
된다. 六道의 하나이며 十界의 하나로서 싸움을 일로 삼는 일종의 귀신을
말한다. 『大毘婆沙論』卷172(大正藏27, p.868中)에는 다음과 같은 내용이
있다. "묻는다 : 무슨 까닭에 阿素洛이라 말하는가. 답한다 : 素洛 sura는
天이다. 그러나 그는 天이 아니기 때문에 阿素洛 asura이라 한다. 또한 素
洛을 端正이라 말한다. 그러나 그는 端正하지 않기 때문에 阿素洛이라 한
다. 그는 諸天을 憎嫉하여 받은 몸의 형태로서 端正하지 못하기 때문에
그렇게 불리운다. 또한 素洛을 同類라고도 말한다. 그런데 그는 天과 서로
가까운 곳에 머물기는 하지만 그 類가 같지 않기 때문에 阿素洛이라 한
다."『增一阿含經』卷3「阿須倫品 第八」에는 다음과 같은 내용이 있다.
"阿須倫의 형태는 그 크기가 8만 4천 유순이고, 입은 가로넓이가 일천 유
순이다. 만약 태양을 만지려 할 때에는 培가 되어 16만 8천 유순의 몸으로
변화하여 日月 앞에 머문다. 일월왕이 이것을 보고 공포심을 내어 광명을
비추지 못한다. 아수륜의 형태가 너무 두려워할 만한 존재이기 때문이다.
그러나 일월은 威德이 있기 때문에 끝내 아수륜에게 붙잡히지 않는다."(大
正藏2, p.560下) 이것은 日月蝕이 이 아수륜에 의해서 일어나는 결과라는
사고방식에 근거한 것으로 생각된다. 이 수라는 인도 최고신의 하나로서
페르시아의 神 ahura와 原語를 같이 하고 있다. 더 상세한 내용은『長阿含
經』卷20 阿須倫品 第六, (大正藏1, p.129中 - -),『起世經』卷8 鬪戰品
第九, (大正藏1, p.349下 - -),『起世因本經』卷8 鬪戰品 第九, (大正藏
1, p.404下 - -) 등 참조.

讀하거나 誦한다고 하자. 수보리야, 마땅히 이 사람은 最上·第一의 희유한 법을 성취한다는 것을 알아야 한다.

만약 이 경전이 소재하는 곳이면 그 곳은 곧 부처님이 계시는 곳이다. 따라서 그 곳을 부처님처럼 존중해야 한다."

【약소】就第四顯德殊勝文中。大分有二。初有三句。以少彰多。顯德殊勝。二須菩提當知已下。就多功德。以明殊勝。此中勝有二種勝。一所說處勝。隨何等處說此經。令生奇特尊重想故。二能說人勝。能受持及說故人勝。又所以二俱勝者。彼珍寶施。是染煩惱因。能生煩惱事。今此二勝。離煩惱因。故說勝也。就大段第二約其行事顯三般若證前解實文。大分有二。初廣顯行。二須菩提以要言之已下。以略顯廣。就初文大分有二。初第一總擧行體。顯解是實。以發信心。二爾時須菩提 聞說是經 涕淚悲泣已下。明信行相。初文有二。初陳問。二疑二相。佛告須菩提已下。答其二相。答文有二。初擧法門名。以訓第一問。二以是名字下。訓上第二問。就此文中。大分有四。初有三句。總擧行體。二須菩提於意云何三千大千已下。顯德分量。三佛告須菩提於意云何已下。顯行德離相。四佛言須菩提若有善男

子已下。校量顯德

2.-4) 넷째는[35) 그 복덕이 뛰어남을 드러내는 부분이다. 이 경문은 크게 둘로 나뉜다.

4)-(1) 첫째는 3구가 있다. 이것은 적은 것으로 많은 것을 드러내어 공덕의 뛰어남을 드러낸다.

4)-(2) 둘째는 「수보리야, 마땅히 … 알아야 한다.」 이하로서 공덕이 많은 것에 나아가는 부분으로서 그 뛰어난 점을 설명한다.

이 뛰어난 것에도 다시 두 가지의 뛰어난 점이 있다.

(2)-① 하나는 설법한 장소가 뛰어난 것이다. 어떤 곳이든지 이 경전을 설하면 기특하고 존중한 마음을 불러일으키게 한다는 것이다.

(2)-② 둘은 설법하는 사람이 뛰어난 것이다. 경전을 受하거나 持하거나 그것을 남에게 설해주기 때문에 그 사람은 뛰어나다는 것이다. 또한 이 두 가지 곧 장소와 사람이 모두 뛰어난 까닭은 다음과 같다. 곧 저 진보의 보시는 번뇌에 물드는 因으로서 번뇌를 생하게 한다.

그러나 지금 말하는 이 두 가지의 뛰어난 점은 번뇌를

---

35) 이에 해당하는 부분은 다음과 같다. "다시 수보리야, 장소에 따라 어느 곳에서나 이 법문을 …."

여의는 因이다. 때문에 뛰어나다고 설하는 것이다.

5. - Ⅱ. - Ⅱ)-(Ⅰ)- ⅱ.

둘째로 그 수행의 본질[行事]에 의하여 3종반야를 드러
내어 앞의 해석이 진실하다는 것을 증명하는 것이다.

이에 해당하는 경문은 크게 둘로 나뉜다.

ⅱ. - 1. 첫째는 자세하게 그 行事를 드러내는 부분이다.

ⅱ. - 2. 둘째는 「수보리야, 요약해서 말하자면」 이하로서
간략한 말로써 공덕을 자세하게 드러낸다.

ⅱ. - 1. 첫째의 경문은 크게 둘로 나뉜다.

1. - 1) 처음은 제일의로서 총론으로 행사의 체를 언급한
다. 이것은 이해하는 것이 진실임을 드러내어 그
것으로써 신심을 불러일으키는 것이다.

1. - 2) 둘은 「그때 수보리가 이 경전의 깊은 뜻을 설하
는 것을 듣고 눈물을 흘리며 슬프게 울었다. 그
눈물을 닦고는 부처님께 사뢰었다.」 이하로서 信
의 행상을 설명하는 부분이다.

1. - 1) 처음의 경문은 둘로 나뉜다.

1)-(1) 하나는 질문을 하는 것이다.

1)-(2) 둘은 두 가지 相을 의심하는 것이다.

「부처님께서 수보리에게 말씀하셨다.」 이하는 그 두 가지 相에 대하여 답한 부분이다. 이 답변하는 경문에도 두 가지가 있다.

(2)-① 하나는 법문의 명칭을 언급한 것으로서 첫째 질문에 답한 것이다.

(2)-② 둘은 「이 금강반야바라밀이라는 이름으로」 이하로서 위의 둘째 질문에 답한 부분이다.

1)-(1) 위의 경문은 크게 넷으로 나뉜다.

(1)-① 첫째는 3구가 있는데 총론적으로 행사의 체를 언급한 것이다.

(1)-② 둘째는 「수보리야, 어떻게 생각하느냐. 삼천대천세계에 있는 미진이 많다고 보느냐.」 이하로서 복덕의 분량을 드러낸 부분이다.

(1)-③ 셋째는 「부처님께서 말씀하셨다. 수보리야, 어떻게 생각하느냐. 가히 서른 두 가지 대인상으로 여래를 볼 수가 있겠느냐.」 이하로서 행사의 덕이 離相임을 드러낸 부분이다.

(1)-④ 넷째는 「부처님께서 말씀하셨다. 수보리야, 만약 어떤 선남자·선여인이 항하의 모래만큼의 신명으로 보시한다고 하자.」 이하로서 校量하여 공덕을 드러낸 부분이다.

【경문】爾時 須菩提白佛言 世尊 當何名此法門 我等云
何奉持 佛告須菩提 是法門名爲金剛般若波羅蜜
以是名字 汝當奉持 何以故 須菩提 佛說般若波
羅蜜則非般若波羅蜜

그때 수보리가 부처님께 사뢰어 말씀드렸다.

"세존이시여, 장차 이 법문을 무어라 이름해야 합니까.
그리고 저희들이 어떻게 이 경전을 奉持해야 합니까."

부처님께서 수보리에게 말씀하셨다.

"이 법문은 금강반야바라밀이라 이름하여라. 그리고 이
금강반야바라밀이라는 이름으로 그대들은 마땅히 奉持해야
한다. 왜냐하면 수보리야, 부처님이 설하는 반야바라밀은
곧 반야바라밀이 아니기 때문이다."

【약소】初三句者。初總擧法門名以勸持。二何以故。責。
三佛說般若波羅蜜已下。答成行相。此文有三可
知。於中卽非般若波羅蜜者。非有爲檀等故。此
無爲波羅蜜。能成大菩提故

(1)-① 하나에는 3구가 있다.

①-㉮ 하나는 총론적으로 법문의 명칭을 들어 그것으
로써 受하거나 持할 것을 권장하는 부분이다.

①-㉯ 둘은 「왜냐하면」으로서 따져 설명하는 부분이다.

①-㉰ 셋은 「부처님이 설하는 반야바라밀은 곧 반야바
라밀이 아니기 때문이다.」로서 행상의 성취를
답한 부분이다. 이 경문에는 세 가지가 있는 것
을 알 수 있을 것이다. 그 가운데서 「곧 반야바
라밀이 아니기 때문이다.」는 것은 유위의 보시
등이 아니기 때문이다. 이것은 무위의 바라밀로
서 대보리를 성취할 수 있기 때문이다.

【경문】須菩提 於意云何 如來有所說法不 須菩提言 世
尊 如來無所說法 須菩提 於意云何 三千大千世
界所有微塵 是爲多不 須菩提言 彼微塵甚多世尊
須菩提 是諸微塵 如來說非微塵 是名微塵 如來
說世界非世界是名世界

"수보리야, 어떻게 생각하느냐.

여래가 설한 법이 있다고 보느냐."

수보리가 말씀드렸다.

"세존이시여, 여래께서는 설법한 바가 없습니다."

"수보리야, 어떻게 생각하느냐.

삼천대천세계에 있는 미진이 많다고 보느냐."

수보리가 말씀드렸다.

"그 미진은 매우 많습니다. 세존이시여, 왜냐하면 수보리
제가 보기로는 이 모든 미진을 여래께서 미진이 아닌 것을
미진이라 말한다고 설하시고, 여래께서 세계는 세계가 아닌
것을 세계라 말한다고 설하시기 때문입니다."

【약소】 就第二顯德分量。有四句可知。所以言微塵復非
　　　　微塵。說世界非世界者。非煩惱等分別微塵故。
　　　　故云非微塵等也。是名微塵等者。是地等無分別
　　　　微塵也。地等無分別。旣無分量心。無分別分量
　　　　亦如是

(1) - ② 둘째는36) 복덕의 분량을 드러낸 부분이다.
여기에는 4구가 있는 것을 알 수 있을 것이다.
　미진을 다시 미진이 아니라고 말하고 세계를 세계가 아
니라고 설한 까닭은 무엇인가. 번뇌 등은 분별해도 미진이
되지 않기 때문이다. 그래서 「미진이 아니다. ….」고 말한
것이다.
　「이것을 미진이라 이름한다.」 등은 이 地 등은 무분별의
미진이기 때문이다. 地 등은 무분별하므로 이미 분량심이
없다. 무분별의 분량도 또한 이와 같다.

---

36) 이에 해당하는 부분은 다음과 같다. "수보리야, 어떻게 생각하느냐. 삼천대
　　천세계에 있는 미진이 많다고 보느냐…."

【경문】佛言 須菩提 於意云何 可以三十二大人相見如來
不 須菩提言 不也世尊 何以故 如來說三十二大
人相 卽是非相 是名三十二大人相 佛言須菩提
若有善男子善女人 以恒河沙等身命布施 若復有
人於此法門中 乃至受持四句偈等爲他人說 其福
甚多無量阿僧祇

부처님께서 말씀하셨다.

"수보리야, 어떻게 생각하느냐. 가히 서른 두 가지 대인
상으로 여래를 볼 수가 있겠느냐."

수보리가 말씀드렸다.

"아닙니다. 세존이시여. 왜냐하면 여래께서 서른 두 가지
대인상은 곧 상이 아니기 때문에 서른 두 가지 대인상이라
이름한다고 설하기 때문입니다."

부처님께서 수보리에게 말씀하셨다.

"만약 어떤 선남자·선여인이 항하의 모래만큼의 신명으
로 보시한다고 하자. 그리고 만약 또 어떤 사람이 이 법문
을 내지 受하거나 持하거나 사구게 등으로 타인을 위해 설
해준다고 하자. 그러면 이 후자의 복덕은 매우 많고 무량아
승지 배나 될 것이다."

【약소】就第三離相文有四可知。文云三十二相卽是非相
者。於大菩提非法身故。諸法因果非勝故。餘義
可知。第四校量顯德文有二可知。就第二段信相
文中。大分有三。初辨信相體。二須菩提如來說
忍辱波羅蜜已下。引事證成。三復次須菩提若善
男子善女人能於此法門已下。校量信德

(1)-③ 셋째는[37) 離相임을 드러낸 부분이다.
경문에는 네 가지가 있는 줄을 알 것이다.
경문에서 말한「서른 두 가지 대인상은 곧 상이 아니다.」
는 것은 대보리에 있어서 32상은 법신이 아니기 때문이고,
제법의 인과가 뛰어나지 못하기 때문이다. 나머지 세 가지
의 뜻에 대해서는 을 알 수 있을 것이다.

(1)-④ 넷째는[38) 校量하여 공덕을 드러낸 부분으로서
경문에는 두 가지가 있는 줄을 알 것이다.

ⅱ.-2. 둘은[39) 信의 행상을 설명하는 부분이다.

---

37) 이에 해당하는 부분은 다음과 같다. "부처님께서 말씀하셨다. 수보리야, 어
떻게 생각하느냐. 가히 서른두 가지 대인상으로 여래를 볼 수가 있겠느냐.
…." 이것은 곧 行事의 덕이 離相임을 드러낸 부분이다.

38) 이에 해당하는 부분은 다음과 같다. "부처님께서 말씀하셨다. 수보리야, 만
약 어떤 선남자·선여인이 항하의 모래만큼의 신명으로 보시한다고 하자.
…"

39) 이에 해당하는 부분은 다음과 같다. "그때 수보리가 이 경전의 깊은 뜻을
설하는 것을 듣고 눈물을 흘리며 슬프게 울었다. 그 눈물을 닦고는 부처님

경문은 크게 세 가지로 나뉜다.

2. - 1) 첫째는 信의 행상의 체를 변별하는 것이다.

2. - 2) 둘째는 「수보리야, 여래가 설한 인욕바라밀은 ….」
이하로서 事를 인용하여 그 信相의 성취를 증명
하는 부분이다.

2. - 3) 셋째는 「다시 수보리야, 만약 선남자·선여인이 이
법문을 受하거나 持하거나 ….」 이하로서 信의
복덕을 校量하는 부분이다.

【경문】 爾時 須菩提 聞說是經 深解義趣 涕淚悲泣 捫淚
而白佛言 希有婆伽婆 希有修伽陀 佛說如是甚深
法門 我從昔來所得慧眼 未曾得聞 如是法門 何
以故 須菩提 佛說般若波羅蜜卽非般若波羅蜜 世
尊 若復有人得聞是經 信心淸淨 則生實相 當知
是人成就第一希有功德 世尊 是實相者則是非相
是 故如來說名實相實相 世尊 我今得聞如是法門
信解受持不足爲難 若當來世其有衆生得聞是法門
信解受持 是人則爲第一希有 何以故 此人無我相
人相衆生相壽者相 何以故 我相卽是非相 人相衆
生相壽者相卽是非相 何以故 離一切諸相則名諸
佛 佛告須菩提 如是如是 若復有人得聞是經 不

驚不怖不畏 當知 是人甚爲希有 何以故 須菩提
如來說第一波羅蜜非第一波羅蜜 如來說第一波羅
蜜者 彼無量諸佛 亦說波羅蜜 是名第一波羅蜜

그때 수보리가 이 경전의 깊은 뜻을 설하는 것을 듣고
눈물을 흘리며 슬프게 울었다. 그 눈물을 닦고는 부처님께
사뢰었다.

"희유하십니다. 바가바시여, 희유하십니다. 수가타시여,
부처님께서 설하신 이와 같이 甚深한 법문은 제가 옛적 먼
과거생부터 얻은 혜안으로도 아직껏 이와 같은 법문은 들
어본 적이 없습니다. 왜냐하면 세존이시여, 부처님께서는
반야바라밀은 반야바라밀이 아니라고 설하시기 때문입니다.

세존이시여, 만약 또 어떤 사람이 이 경전을 듣고는 신
심이 청정해져 실상을 낸다면 그 사람은 제일 희유한 공덕
을 성취한 사람인 줄을 마땅히 알 것입니다.

세존이시여, 그 실상이라는 것은 곧 실상이 아닙니다. 때
문에 여래께서는 실상 실상이라 말씀하십니다.

세존이시여, 제가 지금 이와 같은 법문을 듣고 信·解·
受·持하는 것은 어려움이 없습니다. 그러나 만약 당래세
에 저 어떤 중생이 이 법문을 듣고서 신·해·수·지한다
면 그 사람은 곧 제일 희유할 것입니다. 왜냐하면 그 사람
은 아상·인상·중생상·수자상이 없기 때문입니다. 또 왜

냐하면 아상은 곧 아상이 아니고, 인상·중생상·수자상도 곧 그 인·중생·수자상이 아니기 때문입니다. 또 왜냐하면 일체의 모든 상을 여읜 것이 제불이기 때문입니다."

부처님께서 수보리에게 말씀하셨다.

"그래 그렇다. 만약 또 어떤 사람이 이 경전을 듣고도 놀라지 않고[不驚] 두려워하지 않으며[不怖] 무서워하지 않으면[不畏] 그 사람은 대단히 희유한 사람인 줄을 알아야 한다. 왜냐하면 수보리야, 여래는 제일바라밀이 제일바라밀이 아니라고 설한다. 여래가 설한 제일바라밀이라는 것은 저 무량한 제불도 역시 그 제일바라밀을 설하였는데 그것을 제일바라밀이라 말하는 것이다."

【약소】就初文中。大分有四。初有三句。總顯信相。二
何以故須菩提已下兩句。出其信體。第三世尊若
復有人已下有四句。顯其信德。四世尊我今得聞
如是已下。顯信德殊勝。此文有四。初擧易顯難
以立宗。二若當來世已下。正顯信之殊勝。三何
以故已下。有三句問答。顯信離相。四佛告須菩
提如是如是已下。結成希有。述其信義。於中有
五句可知。問因何須菩提得智眼已來不聞此經。
答以須菩提義當受法之機。雖得小乘智眼。未聞
大法。迴心得大。故言希有。般若波羅蜜卽非般

若波羅蜜者。此智法門。堅實深妙。非餘人分別
波羅蜜也。文云實相卽是非相者。卽是信心清淨
無相也。又實相實相者。是無相之實也。文云此
人無我相等者。示所取境不倒相故。又云我相卽
是非相者。示能取境界不倒相故。此二相我空法
空無我智故。文云不驚者。謂不於非處生懼也。
不怖者。以不起不能斷疑心故。不畏者。不一向
怖故。文云如來說第一波羅蜜卽非第一者。此經
法門勝餘修多羅故。此法門名爲大因。故如來說
第一波羅蜜。又此法門名爲清淨。諸佛共說也。
就第二引事證成中。大分有四。初有四句。正引
住事。證成信相。二是故須菩提已下。勸成信
體。於中有四句。初總勸。二責。三答。四離非
顯是也。三是故佛說菩薩已下。引聖教證成信
實。此文有二。初總引聖教。二須菩提菩薩爲利
益一切衆生已下。舉法述成。就此述文。大分有
二。初法說以顯信實。二須菩提譬如有人已下。
喻合雙成。顯其信義。四復次須菩提已下。顯其
信實。諸佛證成

2. - 1) 첫째의 경문은 크게 네 가지로 나뉜다.

1) - (1) 처음은 3구가 있는데 이것은 총론적으로 信相을

드러낸다.

1)-(2) 둘은 「왜냐하면 수보리야, ….」 이하로서 2구가 있는데 이것은 그 信體를 낸다.

1)-(3) 셋은 「세존이시여, 만약 다시 어떤 사람이 ….」 이 하로서 4구가 있는데 이것은 그 信德을 드러낸다.

1)-(4) 넷은 「세존이시여, 제가 지금 이와 같이 듣는 것은 ….」 이하로서 信德의 뛰어남을 드러낸다.

1)-(4) 이 경문에도 네 가지가 있다.

(4)-① 처음은 수보리 자신에게는 쉽다는 것을 들어 당래세의 중생에게는 그것이 어렵다는 것을 드러내는 것으로써 종지를 세우는 부분이다.

(4)-② 둘은 「만약 당래세에 ….」 이하로서 信의 뛰어남을 정식으로 드러내는 부분이다.

(4)-③ 셋은 「왜냐하면 ….」 이하로서 3구의 문답으로서 信의 離相을 드러내는 부분이다.

(4)-④ 넷은 「부처님께서 수보리에게 말씀하셨다. 그래, 그렇다. ….」 이하로서 희유의 성취를 결론지은 것으로 그 信의 뜻을 서술하는 것에 5구가 있는 것을 알 수 있을 것이다.

묻는다 : 수보리가 지혜의 눈을 얻은 이래로 그때까지 이 금강경문을 들어보지 못한 것은 무슨 인연입니까.

답한다 : 수보리가 말한 뜻은 법을 받아들이는 근기에

해당하는 것이다. 비록 수보리가 소승의 智眼은 얻었을지라도 아직 대승법은 들어보지 못하였는데 이제 마음을 돌이켜 대승법을 들을 수 있었던 것이다. 때문에 「희유」하다고 말한 것이다.

「반야바라밀은 곧 반야바라밀이 아니다.」는 것은 이 지혜의 법문이 堅實하고 深妙하여 다른 사람들이 분별할 수 있는 바라밀이 아니라는 것이다.

경문에서 말한 「實相은 곧 非相이다.」는 것은 이 신심은 청정하여 無相하다는 것을 말한다.

또한 「실상 실상」이라는 것은 無相의 實을 말한다.

경문에서 말한 「그 사람에게는 아상이 없고 ….」 등은 所取의 경계가 顚倒相이 아님을 말한 것이다.

또한 경문에서 말한 「아상은 곧 相이 아니다.」는 것은 能取의 경계가 顚倒相이 아님을 말한 것이다. 이 실상의 예와 아상 등의 예 두 가지 相은 아공과 법공으로서 無我智이기 때문이다.

경문에서 말한 「놀라지 않고」라는 것은 非處에 생하는 것을 두려워하지 않는다는 말이다.

「두려워하지 않으며」라는 것은 의심을 끊지 못할까 하는 생각이 일어나지 않기 때문이다.

「무서워하지 않는다.」는 것은 절대 두려움이 없기 때문이다.

경문에서 말한 「여래가 설한 제일바라밀은 제일바라밀이 아니다.」는 것은 이 금강경법의 가르침이 다른 경전보다 뛰어나기 때문이다.

이 법문의 명칭은 大因이다. 그러므로 여래가 제일바라밀이라 설한다. 또한 이 법문의 명칭은 淸淨이다. 제불의 공통적으로 설하기 때문이다.

2. - 2) 둘째는[40] 事를 인용하여 그 信相의 성취를 증명하는 부분이다. 이 부분은 크게 네 가지로 나뉜다.

2) - (1) 처음은 4구가 있는데 住의 事를 정식으로 인용하여 信相의 성취를 증명하는 부분이다.

2) - (2) 둘은 「이런 까닭에 수보리야, ….」 이하로서 信體의 성취할 것을 권장하는 부분이다. 여기에 4구가 있다.

(2) - ① 하나는 총론적으로 권장하는 부분이다.

(2) - ② 둘은 따져 질문하는 부분이다.

(2) - ③ 셋은 답변하는 부분이다.

(2) - ④ 넷은 그릇된 것을 여의고 바른 것을 드러내는 부분이다.

2) - (3) 셋은 「이런 까닭에 부처님께서는 보살은」[41] 이하

---

40) 이에 해당하는 부분은 다음과 같다. "수보리야, 여래가 설한 인욕바라밀은 …."

41) 이에 해당하는 부분은 다음과 같다. "이런 까닭에 부처님께서는 보살은 마음을 색에 住하지 않고 보시한다고 설하신다."

로서 성인의 가르침을 인용하여 信實의 성취를 증명하는 부분이다. 이 경문에도 두 가지가 있다.

(3)-① 하나는 총론적으로 성인의 가르침을 인용하는 부분이다.

(3)-② 둘은 「수보리야, 보살은 일체중생의 이익을 위해서 마땅히 이와 같이 보시해야 한다.」 이하로서 법을 들어 그 성취를 서술하는 부분이다. 이에 대한 경문의 서술도 크게 두 가지로 나뉜다.

②-㉮ 하나는 법을 설하여 信實을 드러내는 부분이다.

②-㉯ 둘은 「수보리야, 비유하면 마치 어떤 사람이 어두운 곳에 ….」 이하로서 비유를 들어 利益과 信實의 두 가지의 성취를 이루는 부분이다. 이것은 그 信義를 드러낸 것이다.

2)-(4) 넷은 「다시 수보리야,」[42] 이하로서 그 信實을 드러내어 제불이 그 성취를 증명해주는 부분이다.

【경문】 須菩提 如來說忍辱波羅蜜 卽非忍辱波羅蜜 何以故 須菩提 如我昔爲歌利王割截身體 我於爾時無我相無衆生相無人相無壽者相無相亦非無相 何以

---

42) 이에 해당하는 부분은 다음과 같다. "다시 수보리야, 만약 어떤 선남자·선여인이 잘 이 법문을 受하거나 持하거나 讀하거나 誦하여 수행하면 곧 여래가 지니고 있는 佛의 智慧로 그 사람을 다 알고 그 사람을 다 보며 그 사람을 다 깨우쳐 주므로 그들은 모두 무량하고 무변한 공덕을 성취하게 된다."

故 須菩提 我於往昔節節支解時 若有我相衆生相
人相壽者相 應生瞋恨 須菩提 又念過去於五百世
作忍辱仙人 於爾所世無我相無衆生相無人相無壽
者相 是故須菩提 菩薩應離一切相發阿耨多羅三
藐三菩提心 何以故 若心有住則爲非住 不應住色
生心 不應住聲香味觸法生心 應生無所住心 是故
佛說菩薩心不住色布施 須菩提 菩薩爲利益一切
衆生 應如是布施 須菩提言 世尊 一切衆生相卽
是非相 何以故 如來說一切衆生卽非衆生 須菩提
如來是眞語者 實語者 如語者 不異語者 須菩提
如來所得法所說法 無實無妄語 須菩提 譬如有人
入闇則無所見 若菩薩心住於事而行布施 亦復如
是 須菩提 譬如人有目夜分已盡日光明照 見種種
色 若菩薩不住於事行於布施 亦復如是

"수보리야, 여래께서는 인욕바라밀은 곧 인욕바라밀이 아
니라고 설하였다. 왜냐하면 수보리야, 내가 옛적에 가리왕
에게 신체를 잘리는 일이 있었다. 나는 그때 아상이 없었
고, 인상이 없었으며, 중생상이 없었고, 수자상이 없었으며,
상이 없었고, 또한 무상도 없었다. 왜냐하면 수보리야, 내가
그 옛적 갈기갈기 잘리었을 때 만약 나에게 아상·인상·
중생상·수자상이 있었다면 마땅히 성을 내었을 것이다.

수보리야, 또한 생각해 보건대 내가 과거 오백세 동안 인욕선인이었을 때 그 곳에서 아상이 없었고, 인상이 없었으며, 중생상이 없었고, 수자상이 없었다. 때문에 수보리야, 보살은 응당 일체의 상을 떠나 아뇩다라삼먁삼보리의 마음을 내야 한다. 왜냐하면 만약 마음에 住가 있으면 곧 그것은 보살의 住가 아니기 때문이다. 그러므로 마땅히 색에 住하지 않고 마음을 내야 하고, 마땅히 성·향·미·촉·법에 住하지 않고 마음을 내야 한다. 그리하여 마땅히 일체에 住함이 없는 마음을 내야 한다. 이런 까닭에 부처님께서는 보살은 마음을 색에 住하지 않고 보시한다고 설하신다.

수보리야, 보살은 일체중생의 이익을 위해서 마땅히 이와 같이 보시해야 한다."

수보리가 말씀드렸다.

"세존이시여, 일체중생의 상은 곧 상이 아닙니다. 왜냐하면 여래께서는 일체중생은 곧 중생이 아니라고 설하시기 때문입니다."

"수보리야, 여래는 眞語者이고 實語者이며 如語者이고 不異語者이다. 수보리야, 여래가 얻은 이 법과 여래가 설한 이 법은 實語도 아니고 妄語도 아니다.

수보리야, 비유하면 마치 어떤 사람이 어두운 곳에 들어가면 아무것도 볼 수 없는 것처럼 만약 보살이 마음을 事에 住하여 보시를 행하는 것도 또한 이와 마찬가지이다.

그러나 수보리야, 비유하면 마치 어떤 사람이 눈을 가지고 있어서 밤이 다 지나고 햇빛이 밝게 비치면 갖가지 색을 볼 수 있는 것처럼 만약 보살이 마음을 事에 住함이 없이 보시를 행하는 것도 또한 이와 마찬가지이다."

【약소】 問何故引往忍辱波羅蜜爲證者。答忍順實相理
故。又問。次復第二義相中。何故引檀度爲證
者。以檀行在初故。餘準可知。又初地得忍波羅
蜜。順理法故。又檀波羅蜜攝五波羅蜜。故偏約
之也。文云如來是眞語者。不妄說佛菩提故。實
語者。不妄說小乘苦諦等故。如語者。不妄說大
乘法無我眞如故。不異語者。不妄說三世受記
故。文云無實者。諸佛所說法。此法不能得彼證
法故。以如所聞無如是義故。是故無實。文云妄
說語者。隨順義故。以此所說法。隨順證法故。
文言如人入闇等者。有人疑云。若眞如普遍。何
故不見。如入闇中。無明智故不見。非無實法。
文云夜分旣盡等者。喩有明智。即無遮障也

묻는다 : 무슨 까닭에 인욕바라밀을 인용하여 증명하는
겁니까.
답한다 : 인욕은 실상의 이치를 수순하기 때문이다.

또 묻는다 : 다음으로 다시 第二義의 相續에서 무슨 까닭에 보시바라밀을 인용하여 증명하는 겁니까.

답한다 : 보시바라밀수행이 처음에 등장하기 때문이다. 나머지는 이에 준하여 알 수 있을 것이다. 또한 초지에서 인욕바라밀을 얻어 이법에 수순하기 때문이다. 또한 보시바라밀은 나머지 다섯 가지 바라밀을 포함하고 있기 때문에 유독 그것만 언급한 것이다.

경문에서 말한 「여래는 진어자이고」라는 것은 불보리는 망설이 아니라는 것이다.

「실어자이며」라는 것은 소승의 고집멸도의 사성제가 망설이 아니라는 것이다.

「여어자이고」라는 것은 대승법이 무아이고 진여라는 것이 망설이 아니라는 것이다.

「불이어자이다.」는 것은 삼세의 수기가 망설이 아니라는 것이다.

경문에서 말한 「實語도 아니고」라는 것은 제불의 설법은 저 소승인들이 증득할 수 있는 법이 아니기 때문이다. 저 소승인들이 들은 바는 이와 같은 대승의 뜻이 없기 때문이다. 이런 까닭에 「實語도 아니고」라고 말한다.

경문에서 말한 「妄說語」라는 것은 뜻에 수순하기 때문이다. 이 설법은 證法에 수순하기 때문이다.

경문에서 말한 「마치 어떤 사람이 어두운 곳에 들어가면

…」이라는 것은 어떤 사람이 '만약 진여가 보편하다면 무슨 까닭에 보지 못하는 겁니까.'라고 의심을 가지고 묻는 것을 말한다. 저 '어둠속에 들어간다.'는 것은 無明智이기 때문에 볼 수가 없는 것이지 실법이 없는 것이 아니라는 것을 말한다.

경문에서 말한 「밤이 다 지나고 …」라는 것은 有明智를 비유한 것으로 장애에 막히는 바가 없는 것을 말한다.

【경문】復次須菩提 若有善男子善女人 能於此法門 受持
讀誦修行 則爲如來以佛智慧悉知是人 悉見是人
悉覺是人 皆得成就無量無邊功德聚 須菩提 若有
善男子善女人 初日分以恒河沙等身布施 中日分
復以恒河沙等身布施 後日分復以恒河沙等身布施
如是捨恒河沙等無量身 如是百千萬億那由他劫以
身布施 若復有人聞此法門 信心不謗 其福勝彼
無量阿僧祇 何況書寫受持讀誦修行爲人廣說

또한 수보리야, 만약 어떤 선남자·선여인이 잘 이 법문을 受하거나 持하거나 讀하거나 誦하여 수행하면 곧 여래가 지니고 있는 佛의 智慧로 그 사람을 다 알고 그 사람을 다 보며 그 사람을 다 깨우쳐 주므로 그들은 모두 무량하고 무변한 공덕을 성취하게 된다.

수보리야, 어떤 선남자·선여인이 初日分에 항하사 만큼
의 몸을 가지고 보시하고, 中日分에도 다시 항하사 만큼의
몸을 가지고 보시하며, 後日分에도 다시 항하사 만큼의 몸
을 가지고 보시한다고 하자. 그리고 이와 같이 항하사 만큼
의 무량한 몸을 보시하고, 이와 같이 백천만억 나유타겁 동
안 보시한다고 하자. 또 만약 어떤 사람이 이 법문을 듣고
신심이 있어 비방하지 않는다고 하자.

그러면 이 후자의 복이 저 전자의 복보다 무량아승지 배
나 뛰어나다. 하물며 이 법문을 서사하고 受하거나 持하거
나 讀하거나 誦하는 수행을 하고 또한 남을 위해 널리 설
명해 주는 것이겠는가.

【약소】就第三校量信門行德中。文言受持讀誦者。聞慧
之中有三法。一受。二持。三讀誦。修行者。內
思。及爲他說等。福中之勝也。問何故此中廣校
量者。引證之中。決疑勝故。就第二以略顯廣
成信門中。大分有四。初擧總信相。二須菩提我
念過去已下。引往事證成。三若復有人於後末世
已下。擧勝校量以勸學。四須菩提若有善男子善
女人已下。擧廣結略

2. - 3) 셋째는43) 信을 수행하는 복덕을 校量하는 부분이다.

경문에서 말한 「受하거나 持하거나 讀하거나 誦한 다.」라는 것은 聞慧를 말한다. 여기에는 세 가지가 있다.

3) - (1) 하나는 受이고, 3) - (2) 둘은 持이며, 3) - (3) 셋은 讀 · 誦이다.

수행자가 안으로 사념하여 남을 위해 연설해주는 것 등은 복덕 가운데서도 뛰어난 것이다.

묻는다 : 무슨 까닭에 여기에서 자세하게 교량하는 겁니까.

답한다 : 비유를 인용하여 증명한 가운데에서도 의심을 결정짓는 것이 뛰어나기 때문이다.

ii . - 2. 둘째는[44] 간략한 말로써 공덕을 자세하게 드러 낸다.

信門의 성취 부분은 크게 네 가지로 나뉜다.

2. - 1) 첫째는 총론적으로 信相을 든다.

2. - 2) 둘째는 「수보리야, 나도 생각해 보면 ….」[45] 이하 로서 과거사를 인용하여 그 信相의 성취를 증명하 는 부분이다.

---

43) 이에 해당하는 부분은 다음과 같다. "다시 수보리야, 만약 선남자 · 선여인 이 이 법문을 受하거나 持하거나 ….

44) "수보리야, 요약해서 말하자면 …" 이하가 이에 해당한다.

45) 이에 해당하는 부분은 다음과 같다. "수보리야, 나도 생각해 보면 과거 무 량아승지겁 전에 연등불 앞에서 ….

2. - 3) 셋째는 「만약 어떤 사람이 미래세 말세에 ….」 이
하로서 뛰어난 교량을 들어 勸學하는 부분이다.

2. - 4) 넷째는 「수보리야, 만약 어떤 선남자·선여인이 ….」[46]
이하로서 廣을 들어 略을 결론짓는 부분이다.

【경문】 須菩提 以要言之 是經有不可思議 不可稱量 無
邊功德 此法門如來爲發大乘者說 爲發最上乘者
說 若有人能受持讀誦修行此經 廣爲人說 如來悉
知是人 悉見是人 皆成就不可思議 不可稱 無有
邊無量功德聚 如是人等 則爲荷擔如來阿耨多羅
三藐三菩提 何以故 須菩提 若樂小法者 則於此
經 不能受持讀誦修行 爲人解說 若有我見衆生見
人見壽者見 於此法門 能受持讀誦修行爲人解說
者 無有是處 須菩提 在在處處 若有此經 一切世
間天人阿脩羅所應供養 當知 此處則爲是塔 皆應
恭敬 作禮圍繞 以諸華香而散其處 復次 須菩提
若善男子善女人 受持讀誦此經 爲人輕賤 何以故
是人先世罪業 應墮惡道 以今世人輕賤故 先世罪
業 則爲消滅 當得阿耨多羅三藐三菩提

---

46) 이에 해당하는 부분은 다음과 같다. "수보리야, 만약 어떤 선남자·선여인
이 이 경전을 受하거나 持하거나 讀하거나 誦하여 …."

"수보리야, 요약해서 말하자면 이 경전은 실로 불가사의
하고 불가칭량하며 가없는 공덕을 지니고 있다. 이 법문을
여래는 대승에 나아가는 자를 위해서 설하고, 최상승에 나
아가는 자를 위해서 설한다. 그래서 만약 어떤 사람이 이
경전을 잘 수하거나 지하고 독하거나 송하여 수행하고 널
리 남을 위해 설해준다면 여래는 그 사람을 다 알고 있고
그 사람을 다 보고 있어서 그들 모두에게 불가사의하고 불
가칭량하며 가없고 한량없는 공덕을 성취시켜 준다. 왜냐하
면 그 사람들은 곧 여래의 아뇩다라삼먁삼보리를 감당할
만한 사람들이기 때문이다. 왜냐하면 수보리야, 만약 소승
법을 좋아하는 사람이라면 곧 이 경전을 잘 受하거나 持하
거나 讀하거나 誦하여 수행하고 남을 위해 해설해 줄 수가
없기 때문이다.

만약 아견·중생견·인견·수자견이 있으면 이 법문을
잘 受하거나 持하거나 讀하거나 誦하여 수행하고 남을 위
해 설해줄 수는 없기 때문이다.

수보리야, 이 경전이 있는 곳이면 어느 곳이든지 일체
세간의 천·인·아수라 등이 마땅히 공양할 것이다. 그리
고 마땅히 알아야 한다. 그 곳은 곧 탑이 있는 곳으로서
모두가 마땅히 공경하고 圍繞하는 예를 드리며 온갖 향과
꽃을 그곳에 뿌린다는 것을.

또한 수보리야, 어떤 선남자·선여인이 이 경전을 受하

고 持하며 讀하고 誦하였건만 남들로부터 경멸과 천대를
받는 일이 있을 것이다. 왜냐하면 그 사람은 전생의 죄업이
마땅히 악도에 떨어질 것인데도 금생에 남들로부터 경멸과
천대를 받음으로써 전생의 죄업이 곧 소멸되고 장차 아뇩
다라삼먁삼보리를 얻을 것이다.”

【약소】 就初總中。略有十二事。一擧德無邊。二擧所以
　　　　非小。三上聖智見加持。四成無邊功德。五成大
　　　　果因。六非小境界。七非凡能知。八感衆供養。
　　　　九成處是勝。十恭敬供養有福。十一滅三世罪。
　　　　十二當得菩提

2. - 1) 첫째로 총론적으로 信相을 드는 것을 간략하게
　　　　하면 12가지가 있다.
　　　하나는 복덕이 무변함을 든다.
　　　둘은 복덕이 작지 않은 이유를 든다.
　　　셋은 聖智見에 올라 加持하는 것이다.
　　　넷은 무변한 공덕을 성취하는 것이다.
　　　다섯은 大果의 因을 성취하는 것이다.
　　　여섯은 소승의 경계가 아니라는 것이다.
　　　일곱은 범부인이 알 수 있는 바가 아니라는 것이다.
　　　여덟은 많은 공양에 감응하는 것이다.

아홉은 처소의 뛰어남을 성취하는 것이다.

열은 공경공양으로 복덕을 얻은 것이다.

열하나는 삼세의 죄업을 소멸하는 것이다.

열둘은 마땅히 보리를 얻게 된다는 것이다.

【경문】須菩提 我念過去無量阿僧祇阿僧祇劫 於然燈佛
　　　 前 得値八十四億那由他百千萬諸佛 我皆親承供
　　　 養無空過者 須菩提 如是無量諸佛 我皆親承供養
　　　 無空過者

"수보리야, 나도 생각해 보면 과거 무량아승지겁에 연등
불을 친견하기 이전에 84억 나유타 백천만 제불을 친견하였
는데 그때 나는 모두 친히 제불을 받들고 공양하여 헛되이
보낸 적이 없었다. 수보리야, 이와 같이 무량한 제불을 내가
모두 친히 받들고 공양하여 헛되이 보낸 적이 없었다."

【약소】就第二段引事證成 有二可知

2. - 2) 둘째는[47] 과거사를 인용하여 그 信相의 성취를
　　　　 증명하는 부분이다. 여기에는 두 가지가 있는 줄

---

47) 이에 해당하는 부분은 다음과 같다. "수보리야, 나도 생각해 보면 과거 무
　　량아승지겁 이전에 연등불 앞에서 ….."

을 알 것이다.

【경문】 若復有人於後世末世能受持讀誦修行此經所得功
德我所供養諸佛功德於彼百分不及一千萬億分乃
至算數譬喻所不能及

"그러나 만약 또 어떤 사람이 후세말세에 잘 이 경전을
受하거나 持하거나 讀하거나 誦하여 수행하여 공덕을 얻
었다고 하자.
내가 제불께 공양한 공덕은 그가 얻은 공덕의 백 분의
일에도 미치지 못하고 천만억 분의 일에도 미치지 못하며
내지 산수나 비유로도 그에 미치지 못한다."

【약소】 第三擧勝校量

2. - 3) 셋째는[48] 뛰어난 교량을 들어 勸學하는 부분이다.

【경문】 須菩提若有善男子善女人於後世末世有受持讀誦
修行此經所得功德若我具說者或有人聞心則狂亂
疑惑不信須菩提當知是法門不可思議果報亦不可
思議

─────────────
48) 이에 해당하는 부분은 다음과 같다. "만약 어떤 사람이 미래세 말세에 …."

"수보리야, 만약 어떤 선남자·선여인이 후세말세에 이 경전을 受하거나 持하거나 讀하거나 誦하여 수행하면 그로 얻은 공덕이 얼마나 많은가 하는 것을 내가 다 갖추어 설한다고 하자. 그러면 혹 어떤 사람이 듣고 마음이 곧 狂亂하고 疑하고 惑하여 믿지 못할 것이다.

수보리야, 마땅히 알아야 한다. 이 법문은 불가사의하고 그 과보도 또한 불가사의하다."

【약소】 就第四擧廣結略 門中有三可知。文云心則狂亂者。不得靜住。離淨法故。疑者猶豫不得定心故。惑者不成明智故。不信者。不見勝德故也

2. – 4) 넷째는[49] 廣을 들어 略을 결론짓는 부분이다. 경문에 세 가지가 있는 줄을 알 것이다.

경문에서 말한 「마음이 곧 狂亂하고」라는 것은 마음이 한 곳에 靜住하지 못하여 청정법을 떠나 있기 때문이다.

「疑」라는 것은 미리 선정의 마음을 얻지 못하기 때문이다.

「惑」이라는 것은 明智를 성취하지 못하기 때문이다.

「믿지 못한다.」는 것은 뛰어난 공덕을 보지 못하기 때문이다.

佛說金剛般若波羅蜜經略疏 卷上
불설금강반야바라밀경약소 권상

---

49) 이에 해당하는 부분은 다음과 같다. "수보리야, 만약 어떤 선남자·선여인이 이 경전을 受하거나 持하거나 讀하거나 誦하여 …."

佛說金剛般若波羅蜜經略疏 卷下
불설금강반야바라밀경약소 권하

唐 至相寺 沙門 智儼 述

당나라 지상사의 사문 지엄이 서술하다

【약소】就大段第二約彼行相顯三種般若。問此下明行
教。與前行教何別。答。前文約見聞已去說。此
約成觀已去說也。文中大分有三。初陳四疑。問
三種般若體相。二佛告須菩提菩薩發下。廣答顯
相。三須菩提發阿耨已下。結成前義

5. - Ⅱ. - Ⅱ)-(Ⅱ) 〈解釋分 2.〉

둘째는[50] 저 수행의 형태[行相]에 의하여 3종반야를 드
러낸 것이다.

묻는다 : 이하는 수행해야 할 것에 대한 가르침[行敎]을
명한 것인데 저 앞의 行敎와 어떤 차별이 있는 겁니까.

답한다 : 앞의 경문에서는 보고 듣는 감각의 차원[見聞]
을 가지고 설명한 것이지만 지금 이것은 자세히 관찰하는
마음의 차원[成觀]을 가지고 설명한 것이다.

이에 해당하는 경문은 크게 세 가지로 나뉜다.

5. - Ⅱ. - Ⅱ)-(Ⅱ)- i. 첫째는 네 가지 의문[51]을 진술
한 것으로 3종반야의 體相을 물은 부분이다.

5. - Ⅱ. - Ⅱ)-(Ⅱ)- ii. 둘째는 「부처님께서 수보리에게
말씀하셨다. 모든 보살은 다음과 같이 마음을 내야 한다.

---

50) 이에 해당하는 부분은 다음과 같다. "그때 수보리가 부처님께 말씀드렸다.
   … 어떻게 住하고 어떻게 수행하며 …."
51) 수보리가 제기한 네 가지 질문은 다음과 같다. "云何菩薩發阿耨多羅三藐
   三菩提心 云何住 云何修行 云何降伏其心"

…」52) 이하로서 3종반야의 수행의 相을 드러내어 자세하
게 답변한 부분이다.

5. - Ⅱ. - Ⅱ)-(Ⅱ)- iii. 셋째는 「수보리야, 아뇩다라삼
먁삼보리심을 내는데 있어서 …」53) 이하로서 질문에 대한
뜻을 결론지은 부분이다.

【경문】 爾時 須菩提白佛言 世尊 云何菩薩發阿耨多羅三
藐三菩提心 云何住 云何修行 云何降伏其心

---

52) 이에 해당하는 부분은 다음과 같다. "부처님께서 수보리에게 말씀하셨다.
수보리야, 보살이 아뇩다라삼먁삼보리이 마음을 내는 데에는 마땅히 다음
과 같이 마음을 내야 한다. '나는 마땅히 일체중생을 멸도하여 그들로 하
여금 무여열반에 들게 하리라.' 이와 같이 일체중생을 멸도하지만 한 중생
도 실로 멸도를 얻은 중생은 없다. 왜냐하면 수보리야, 만약 보살에게 중생
상·인상·수자상이 있으면 곧 보살이 아니기 때문이다. 왜냐하면 수보리
야, 실제로 법으로서 보살이 아뇩다라삼먁삼보리심을 낸다고 말할 수 있는
것은 없기 때문이다. … 수보리야, 일합상이란 곧 설할 수가 없는 것이다.
단지 범부인이 그것에 탐착할 뿐이다. 왜냐하면 수보리야, 만약 어떤 사람
이 말하기를 '부처님께서 아견·인견·중생견·수자견을 설하였다.'고 하
자. 수보리야, 어떻게 생각하느냐. 그 사람이 설한 것은 옳은 말이냐. 수보
리가 말씀드렸다. 아닙니다. 세존이시여. 왜냐하면 세존여래께서는 아견·
인견·중생견·수자견은 곧 아견·인견·중생견·수자견이 아니라 그 이
름이 아견·인견·중생견·수자견이라고 설하기 때문입니다."
53) 이에 해당하는 부분은 "수보리야, 보살로서 아뇩다라삼먁삼보리의 마음을
내는 자는 일체법에 대하여 마땅히 다음과 같이 알고 다음과 같이 보며 다
음과 같이 믿어서 다음과 같이 법상에 住해서는 안 된다. 왜냐하면 수보리
야, 말한 바 법상 법상이라는 것은 여래가 곧 법상이 아닌 것을 이름하여
법상이라 한다고 설하기 때문이다. 수보리야, 만약 어떤 보살마하살이 무량
아승지 세계에 칠보를 가득 채워 그것을 가지고 보시한다고 하자. 또한 만
약 어떤 선남자·선여인이 보살심을 내어 이 반야바라밀경 내지 사구게 등
을 受하거나 持하거나 讀하거나 誦하거나 남을 위해 설해 준다고 하자. 그
러면 이 법보시의 복덕이 저 재물보시의 복덕보다 무량아승지배나 뛰어나
다." 이하 解釋分 끝까지가 이에 해당한다.

그때 수보리가 부처님께 말씀드렸다.

"세존이시여, 어떻게 보살은 아뇩다라삼먁삼보리의 마음을 내고, 어떻게 住하며, 어떻게 수행하고, 어떻게 그 心을 다스려야 합니까."

【약소】問。何故須約行說。答。學者於聞思雖復明了。
於修不進不發有迷。故須重明也。就第二段廣答
顯相文中。大分有二。初約行釋三種般若體相。
二佛言須菩提如來得阿耨菩提已下。約行釋其餘
疑。就初文中。大分有五。初約衆生界釋三種般
若。二須菩提於意云何如來於然燈佛所已下。引
彼往昔行事證成。第三須菩提若有人言已下。辨
行眞僞。四須菩提譬如有人已下。顯行分量。五
須菩提若菩薩作是言我莊嚴佛土下。會相入實。
今此所以對行廣明三種修行者。爲前起解我能如
是修三種行。不免喧雜分別。爲除此惑。故須約
行辨三種也

5.-Ⅱ.-Ⅱ)-(Ⅱ)-ⅰ.[54]

묻는다 : 무슨 까닭에 모름지기 수행하는 문제를 가지고

---

54) §5.-Ⅱ.-Ⅱ)-(Ⅱ)-ⅰ.는 네 가지 의문을 진술한 것으로 3종반야의 수행
의 體를 물은 부분이다.

설하는 겁니까.

답한다 : 수행자[學者]가 聞과 思에 있어서는 비록 분명하게 알고 있을지라도 실제의 수행에 있어서 정진하지 못하고 발심하지 못하면 미혹하게 된다. 때문에 모름지기 거듭 설명하는 것이다.

5. - Ⅱ. - Ⅱ)-(Ⅱ)- ⅱ.

둘째는[55] 수행의 相을 드러내어 자세하게 답변한 부분이다. 경문은 크게 두 가지로 나뉜다.

ⅱ. - 1. 처음은 수행을 가지고 3종반야의 體와 相을 설명하는 부분이다.

ⅱ. - 2. 둘은 「부처님께서 수보리에게 말씀하셨다. 여래가 아뇩다라삼먁삼보리를 내는데 있어서 ⋯.」 이하로서 수행을 가지고 나머지 의심을 해석해 주는 부분이다.

2. - 1) 처음의 경문도 다섯 가지로 나뉜다.

1)-(1) 하나는 중생계를 가지고 3종반야를 해석하는 부분이다.

1)-(2) 둘은 「수보리야 어떻게 생각하느냐. 여래가 연등

---

55) §5. - Ⅱ. - Ⅱ)-(Ⅱ)- ⅱ.는 "부처님께서 수보리에게 말씀하셨다. 모든 보살은 다음과 같이 마음을 내야 한다. ⋯." 이하로서 수행의 相에 대하여 답변한 부분이다.

부처님 밑에서 ……」 이하로서 저 옛적의 行事를
인용하여 3종반야의 성취를 증명하는 부분이다.

1)-(3) 셋은 「수보리야, 만약 어떤 사람이 ……」 이하로
서 수행의 眞僞를 변별하는 부분이다.

1)-(4) 넷은 「수보리야, 비유하면 어떤 사람이 ……」 이
하로서 수행의 분량을 드러내는 부분이다.

1)-(5) 다섯은 「수보리야, 만약 보살이 다음과 같이 '나
는 불국토를 장엄했다.' 라고 말한다면 그 보살
의 말은 진실이 아니다. ……」 이하로서 수행의
행상들을 모아서 實에 들어가는 부분이다.

지금 여기에서 수행에 대하여 3종의 수행을 자세하게 설
명한 까닭은 앞에서 '나는 이와 같이 3종수행을 하였다.'는
알음알이를 일으키는 것은 요란하고 쓸데없는 분별을 면하
지 못하기 때문이다. 이와 같은 미혹을 제거해주기 위하여
모름지기 수행을 가지고 3종반야를 변별하는 것이다.

【경문】佛告須菩提　菩薩發阿耨多羅三藐三菩提心者　當
生如是心　我應滅度一切衆生令入無餘涅槃界　如
是滅度一切衆生已　而無一衆生實滅度者　何以故
須菩提　若菩薩有衆生相人相壽者相　則非菩薩　何
以故　須菩提　實無有法名爲菩薩發阿耨多羅三藐
三菩提心者

부처님께서 수보리에게 말씀하셨다.

"수보리야, 보살이 아뇩다라삼먁삼보리이 마음을 내는 데에는 마땅히 다음과 같이 마음을 내야 한다. '나는 마땅히 일체중생을 멸도하여 그들로 하여금 무여열반에 들게 하리라.'

이와 같이 일체중생을 멸도하지만 한 중생도 실로 멸도를 얻은 중생은 없다. 왜냐하면 수보리야, 만약 보살에게 중생상·인상·수자상이 있으면 곧 보살이 아니기 때문이다. 왜냐하면 수보리야, 실제로 법으로서 보살이 아뇩다라삼먁삼보리심을 낸다고 이름할 수 있는 것은 없기 때문이다."

【약소】就初行體相門中有五。初總辨生起菩提心。二我
應滅度下。明心所趣。三如是滅度下。顯其實
相。四何以故下。問答顯過。五何以故下。擧實
結成。問。此文內辨三修行及以發心。何故一處
通釋而不別明者。答。前是解法。須約別論之。
今就行門。不得分別。由衆生卽無。與佛不異。
解此法故。卽名菩提心。由知衆生卽無我空故。
卽名如是住。成無分別智證。卽名如實修行。本
來無煩惱。卽名降伏其心也

5. - II. - II) - (II) - iii. ··· i)56)

수행의 體와 相을 물은 부분으로 경문은 다섯 가지로 나 뉜다.

iii. - 1. 처음은 총론적으로 보리심의 생기에 대하여 변 별하는 부분이다.

iii. - 2. 둘은 「나는 마땅히 일체중생을 멸도하여 그들로 하여금 무여열반에 들게 하리라.」는 것으로 마음 의 所趣를 설명한 부분이다.

iii. - 3. 셋은 「이와 같이 일체중생을 멸도하지만 한 중 생도 실로 멸도된 중생은 없다.」는 것으로 그 실 상을 드러낸 부분이다.

iii. - 4. 넷은 「왜냐하면 ···.」 이하로서 문답으로 과실을 드러낸 부분이다.

iii. - 5. 다섯은 「왜냐하면 수보리야, 여래라는 것은 실로 진여이기 때문이다.」는 것으로서 實을 들어 보리 심의 성취를 결론짓는 부분이다.

묻는다 : 이 경문에는 세 가지 수행과 발심 등 네 가지 에 대하여 변별하고 있습니다. 그런데 무슨 까닭에 한 곳에 서만 通釋을 하고 별개로 설명하지 않는 겁니까.

답한다 : 앞에서는 법을 해석하는 문제였기 때문에 모름

---

56) §5. - II. - II) - (II) - iii.는 네 가지 의문을 진술한 것으로 3종반야의 體와 相에 대한 설명이다.

지기 그것을 분별하여 논하였다. 그러나 지금의 경우는 수
행문의 경우이기 때문에 따로 분별할 수가 없다.

중생이 없다고 보기 때문에 이 점이 부처의 견해와 다르
지 않다.

이와 같이 법을 이해하기 때문에 '보리심'이라 말한다.

중생은 곧 무아이고 공하다는 것을 알기 때문에 곧 '다
음과 같이 주한다[如是住]'라고 말한다.

무분별지를 증득하기 때문에 곧 如實修行이라 말한다.

본래 번뇌가 없기 때문에 곧 그 마음을 다스린다고 말한다.

【경문】須菩提 於意云何 如來於然燈佛所 有法得阿耨多
　　　　羅三藐三菩提不 須菩提 白佛言 不也世尊 如我
　　　　解佛所說義 佛於然燈佛所 無有法得阿耨多羅三
　　　　藐三菩提 佛言 如是如是 須菩提 實無有法如來
　　　　於然燈佛所得阿耨多羅三藐三菩提 須菩提 若有
　　　　法如來得阿耨多羅三藐三菩提者 然燈佛則不與我
　　　　受記 汝於來世當得作佛 號釋迦牟尼 以實無有法
　　　　得阿耨多羅三藐三菩提 是故然燈佛與我受記作如
　　　　是言 摩那婆 汝於來世當得作佛 號釋迦牟尼 何
　　　　以故 須菩提 言如來者卽實眞如

"수보리야, 어떻게 생각하느냐. 여래가 연등불 계시는 곳에서 법이 있어서 아뇩다라삼먁삼보리를 얻었느냐."

수보리가 부처님께 말씀드렸다.

"아닙니다. 세존이시여, 제가 알기로 부처님께서 설법하신 뜻은 부처님께서 연등불 계시는 곳에서 법으로 아뇩다라삼먁삼보리를 얻은 것은 없습니다."

부처님께서 말씀하셨다.

"그래 그렇다. 수보리야, 실로 법으로서 여래가 연등불 계시는 곳에서 아뇩다라삼먁삼보리를 얻은 것은 없다.

수보리야, 만약 어떤 법으로서 여래가 아뇩다라삼먁삼보리를 얻었다면 연등불은 나에게 '그대는 내세에 장차 부처가 되어 명호를 석가모니라 할 것이다.'라는 수기를 주지 않았을 것이다. 실로 법으로서 아뇩다라삼먁삼보리를 얻은 것은 없다.

이런 까닭에 연등불은 나에게 다음과 같이 '마나바여, 그대는 내세에 장차 부처가 되어 명호를 석가모니라 할 것이다.'라는 수기를 준 것이다. 왜냐하면 수보리야, 여래라는 것은 실로 진여이기 때문이다."

【약소】就第二引往事爲證內。大分有六。初審定可不。

二須菩提白佛言下。有二句。答顯實相。三佛言
如是下。述成正義。四須菩提若有法已下。反成

其失。五以實無有法已下。以理成事有二句。六
何以故已下。問答約佛顯成行相。亦卽兼釋伏疑
云若無菩提卽無諸佛如來。爲決此疑。故文云卽
實眞如也

5. − Ⅱ. − Ⅱ) − (Ⅱ) − iii. ⋯ ii)

위에서 언급한 1. − 2) 둘은 「수보리야 어떻게 생각하느
냐. 여래가 연등부처님 밑에서 ⋯.」이하로서 저 옛적의 行
事를 인용하여 3종반야의 성취를 증명하는 부분이다.

이 경문은 크게 여섯 가지로 나뉜다.

2) − (1) 하나는 審定할 수 있겠느냐 하는 부분이다.

2) − (2) 둘은 「수보리가 부처님께 말씀드렸다.」[57]는 것으
로서 여기에도 2구가 있다. 이것은 수보리가 여
래에게 한 답변으로 실상을 드러낸 부분이다.

2) − (3) 셋은 「부처님께서 말씀하셨다.」[58]는 것으로서 그
바른 뜻에 대하여 서술한 부분이다.

2) − (4) 넷은 「수보리야, 만약 어떤 법으로서」[59]라는 것은

---

57) 이에 해당하는 부분은 다음과 같다. "수보리가 부처님께 말씀드렸다. 아닙
니다. 세존이시여, 제가 알기로 부처님께서 설법하신 뜻은 부처님께서 연등
불 계시는 곳에서 법으로 아뇩다라삼먁삼보리를 얻은 것은 없습니다."

58) 이에 해당하는 부분은 다음과 같다. "부처님께서 말씀하셨다. 그래 그렇다.
수보리야, 실로 법으로서 여래가 연등불 계시는 곳에서 아뇩다라삼먁삼보
리를 얻은 것은 없다."

59) 이에 해당하는 부분은 다음과 같다. "수보리야, 만약 어떤 법으로서 여래가
아뇩다라삼먁삼보리를 얻었다면 연등불은 나에게 '그대는 내세에 장차 부

반대로 그 잘못된 것에 대하여 서술한 부분이다.

2)-(5) 다섯은 「실로 법으로서」[60] 이하로서 理를 가지
고 事를 성취한 부분이다. 여기에도 2구가 있다.

2)-(6) 여섯은 「왜냐하면 ….」 이하로서 문답으로 佛을
가지고 그 행상의 성취를 드러낸 부분이다. 이
부분은 또한 해석 속에 감추어져 있는 「만약 보
리가 없다면 곧 제불여래도 없을 것 아닙니까.」
라는 의문까지 겸한 곳이기도 하다.

바로 이와 같은 의심을 해결해 주는 부분이다. 그러므로 경
문에서 「여래라는 것은 실로 진여이기 때문이다.」고 말한다.

【경문】 須菩提 若有人言如來得阿耨多羅三藐三菩提者 是
人不實語 須菩提 實無有法佛得阿耨多羅三藐三
菩提 須菩提 如來所得阿耨多羅三藐三菩提 於是
中不實不妄語 是故如來說一切法皆是佛法 須菩提
所言一切法一切法者 卽非一切法 是故名一切法

"수보리야, 만약 어떤 사람이 여래는 아뇩다라삼먁삼보리
를 얻었다고 말한다면 그 사람은 진실을 말하는 것이 아니다.
수보리야, 실로 법으로서 아뇩다라삼먁삼보리를 얻은 것은

처가 되어 명호를 석가모니라 할 것이다'는 수기를 주지 않았을 것이다."
60) 이에 해당하는 부분은 다음과 같다. "실로 법으로서 아뇩다라삼먁삼보리를
얻은 것은 없다. …."

없다. 수보리야, 여래가 얻은 아뇩다라삼먁삼보리는 그 속에 실도 없고 망어도 없다.

이런 까닭에 여래는 일체법은 다 불법이라 설하였다. 수보리야, 일체법 일체법이라 말한 것은 곧 일체법이 아니므로 일체법이라 이름한다."

【약소】就第三段辨行眞僞中有五句。初明言不稱實。二擧義證言。三須菩提如來所得下。顯法同異。不同有爲五陰相故。文言不實。無色等相卽菩提相故。文言不妄語。四是故如來說一切法。類成正義。五須菩提所言一切法。結成正義。文言一切法。卽眞如體故。復一切法。卽如來證故。卽非一切法。色等相不住故。故名一切法者。卽諸法非法。是諸法法。就第四顯行分量中。大分有二。初擧事顯成分量。二佛言須菩提菩薩亦如是下。結成分量廣大

위에서 언급한 1.-3) 셋은 「수보리야, 만약 어떤 사람이 ….」이하 부분으로 수행의 眞僞를 변별하는 부분이다.

이 경문에는 다섯 가지가 있다.

3)-(1) 하나는 實이라 일컬을 수 없다는 말[言]을 설명한다.

3)-(2) 둘은 뜻[義]을 들어 말[言]을 증명한다.

3)-(3) 셋은 「수보리야, 여래가 얻은」[61]의 부분으로서 법
의 同異를 드러낸 부분이다.

여래가 얻은 아뇩다라삼먁삼보리는 유위의 오음상과는 같
지 않기 때문에 경문에서 「실도 없고」라고 말하고, 색 등
의 相은 곧 菩提相이 아니기 때문에 경문에서 「망어도 없
다.」고 말한다.

3)-(4) 넷은 「이런 까닭에 여래는 일체법은 다 불법이라
설하였다.」는 것으로 그 바른 뜻을 분류한 것이다.

3)-(5) 다섯은 「수보리야, 일체법 일체법이라 말한 것은
곧 일체법이 아니므로 일체법이라 말한다.」는 것
으로서 바른 뜻을 결론지은 부분이다.

경문에서 말한 앞의 「일체법」은 곧 진여의 체를 말하는
것이고, 뒤의 「일체법」은 곧 여래가 증득한 것을 말하며, 「곧
일체법이 아니다.」는 색 등의 相은 不住이기 때문이고, 「
때문에 일체법이라 말한다.」는 것은 '제법이 비법에 즉하면
그 제법은 법이다.'는 것을 말한다.

위에서 언급한 1.-4) 넷은 「수보리야, 비유하면 어떤 사
람이 …」 이하 부분은 수행의 분량을 드러내는 부분이다.

경문은 크게 두 가지로 나뉜다.

---

61) 이에 해당하는 부분은 다음과 같다. "수보리야, 여래가 얻은 아뇩다라삼먁
삼보리는 그 속에 실도 없고 망어도 없다."

4)-(1) 하나는 事를 들어 분량을 드러내는 부분이다.

4)-(2) 둘은 「부처님께서 말씀하셨다. 수보리야, 보살도
또한 이와 같다.」[62]라는 것으로서 분량이 관대함
을 결론지은 것이다.

【경문】須菩提 譬如有人 其身妙大 須菩提言 世尊如來
說人身妙大 卽非大身 是故如來說名大身 佛言 須
菩提 菩薩亦如是 若作是言 我當滅度無量衆生 則
非菩薩 佛言 須菩提 於意云何 頗有實法名爲菩
薩不 須菩提言 不也世尊 實無有法名爲菩薩 是
故佛說一切法無衆生無人無壽者

"수보리야, 비유하여 어떤 사람이 있는데 그 몸이 수미
산만큼 크다고 하자."

수보리가 말씀드렸다.

"세존이시여, 여래께서 설한 사람의 몸이 수미산만큼 크
다는 것은 곧 큰 몸이 아닙니다. 이런 까닭에 여래는 설하
여 큰 몸이라 말합니다."

부처님께서 말씀하셨다.

---

62) 이에 해당하는 부분은 다음과 같다. "부처님께서 말씀하셨다. 수보리야, 보
살도 또한 이와 같다. 만약 다음과 같이 '나는 장차 무량한 중생을 멸도시
킬 것이다.'고 말한다면 곧 그것은 보살이 아니다."

"수보리야, 보살도 또한 이와 같다. 만약 다음과 같이 '나는 장차 무량한 중생을 멸도시킬 것이다.'고 말한다면 곧 그것은 보살이 아니다."

부처님께서 말씀하셨다.

"수보리야, 어떻게 생각하느냐. 자못 보살이라 부를만한 진실한 법이 있겠느냐."

수보리가 말씀드렸다.

"아닙니다. 세존이시여. 실로 법으로서 보살이라 부를만한 것은 없습니다. 이런 까닭에 부처님께서는 일체법에는 我가 없고 衆生이 없으며 人이 없고 壽者가 없다고 설하셨습니다."

【약소】前文有三句可知。所以成法分量者。爲其行體離煩惱障及智障。畢竟具足法身故。此中妙大有二種。一者遍一切處。二者功德大。是故名大身。遍一切大者。眞如一切法不差別故。文言卽非大身者。離諸相身。名大身者。是眞如體。就第二結成大身內有四。初結成大義。二佛言下。審定可不。三世尊已下。顯成正義。四是故佛說下。擧聖敎結成正義也。就第五會相入實中。大分有四。初正明會依正二相。二佛言須菩提於意云何如恒河中下。明行德分量。三須菩提於意云何佛

可以具足相下。辨行離相。四爾時慧命須菩提白
佛言已下。顯行殊勝。就初文中。大分有二。初
會依報相以從實行。二須菩提於意云何如來有肉
眼已下。會其正報以從行實

위의 경문에는 3구가 있는 것을 알 수 있을 것이다. 법
의 분량을 성취하는 까닭은 그 수행의 체가 번뇌장과 소지
장을 여의고 필경에 법신을 구족하기 때문이다.

이 가운데서 말한「수미산만큼 크다.」는 것에 2종이 있다.

하나는 일체처에 두루한다는 것이고, 둘은 공덕이 크다
는 것이다. 때문에 '큰 몸'이라 말한다. 일체처에 두루한다
는 의미로서 크다는 것은 진여가 일체법에서 차별이 없기
때문이다.

경문에서 말한「곧 큰 몸이 아니다.」라는 것은 諸相의
身을 여읜 것이다.

「큰 몸이라 이름한다.」는 것은 진여의 체를 말한다.

다음으로 大身의 성취를 결론짓는 것에도 네 가지가 있다.

하나는 대의의 성취를 결론짓는다.

둘은「부처님께서 말씀하셨다. 수보리야, 어떻게 생각하
느냐. 자못 보살이라 이름붙일 만한 진실한 법이 있겠느냐.」
는 것으로 審定할 수 있겠는가 하는 부분이다.

셋은「세존이시여.」[63]라는 것으로서 바른 뜻을 드러낸

부분이다.

넷은 「이런 까닭에 부처님께서는」[64]이라는 것으로서 성인의 가르침을 들어 바른 뜻을 결론짓는 부분이다.

저 위에서 언급한 1.-5) 다섯은[65] 수행의 행상들을 모아서 實에 들어가는 부분이다.

여기에는 크게 네 가지가 있다.

5)-(1) 하나는 依報의 相과 正報의 相을 모아 정식으로 설명하는 부분이다.

5)-(2) 둘은 「부처님께서 말씀하셨다. 수보리야, 어떻게 생각하느냐. 저 항하에 있는 모래를 부처님이 모래라고 설하느냐. ….」 이하로서 수행의 복덕의 분량을 설명하는 부분이다.

5)-(3) 셋은 「수보리야, 어떻게 생각하느냐. 부처를 가히 색신을 구족한 것으로 볼 수 있느냐. ….」 이하로서 수행이 상을 여의었음을 변별하는 부분이다.

5)-(4) 넷은 「그때 혜명 수보리가 부처님께 사뢰어 말씀드렸다. 세존이시여, 자못 어떤 중생이 미래세에 이 설법을 듣고 신심을 낼 수 있습니까. ….」 이

---

63) 이에 해당하는 부분은 다음과 같다. "세존이시여. 실로 법으로서 보살이라 부를 만한 것은 없습니다."

64) 이에 해당하는 부분은 다음과 같다. "이런 까닭에 부처님께서는 일체법에는 我가 없고 衆生이 없으며 人이 없고 壽者가 없다고 설하셨습니다."

65) 이에 해당하는 부분은 다음과 같다. "수보리야, 만약 보살이 다음과 같이 '나는 불국토를 장엄했다.' 라고 말한다면 그 보살의 말은 진실이 아니다. …."

하로서 수행의 뛰어남을 드러낸 부분이다.

5)-(1) 하나에도 크게 둘로 나뉜다.

(1)-① 하나는 依報의 相을 모아 實行을 좇는 것이다.

(1)-② 둘은 「수보리야, 어떻게 생각하느냐. 여래에게 육
안이 있느냐. ….」이하로서 正報의 相을 모아
實을 行하는 것이다.

【경문】須菩提 若菩薩作是言 我莊嚴佛國土 是不名菩薩
何以故 如來說莊嚴佛土莊嚴佛土者 卽非莊嚴 是
名莊嚴佛國土 須菩提 若菩薩通達無我無我法者
如來說名眞實菩薩菩薩

"수보리야, 어떤 보살이 다음과 같이 '나는 불국토를 장
엄하였다.'고 말한다면 그는 곧 보살이라 말할 수 없다. 왜
냐하면 여래가 설한 장엄불토 장엄불토라는 것은 곧 장엄
이 아니므로 장엄불국토라 말하기 때문이다.

수보리야, 어떤 보살이 無我와 無我法에 통달하면 여래
는 그를 가리켜 '참으로 그는 보살이다 보살이다고 부를만
하다.'고 설하실 것이다."

【약소】就初文中。大分有四。初總顯過。二責所以。三
答以顯是。四擧觀通達。以結成行相。文云莊嚴

佛國土是不名菩薩者。論偈云。不達眞法界。起
度衆生意。及淸淨國土。生心卽是倒。故不名菩
薩也。又文云莊嚴佛國土卽非莊嚴者。若菩薩通
達無我法。起自智信心。故此信智。通攝世諦菩
薩起。及出世菩薩起。是故經文重說菩薩菩薩

①-㉮ 하나의 依報의 相에 해당하는 경문도 크게 네
　　　가지로 나뉜다.
㉮-㉠ 하나는 총론적으로 허물을 드러내는 부분이다.
㉮-㉡ 둘은 이유를 따져 설명하는 부분이다.
㉮-㉢ 셋은 답변으로 옳음을 드러내는 부분이다.
㉮-㉣ 넷은 부처님께서 그 수행자를 관찰함에 통달함
　　　을 드러내는 부분이다.

경문에서 말한「어떤 보살이 다음과 같이 '나는 불국토
를 장엄하였다.'고 말한다면 그는 곧 보살이라 부를 수 없
다.」라는 것에 대해서『논』에서는 다음과 같이 말한다.

　　진여법계에 통달하지 못하고서/
　　중생을 멸도시키고자 발심하고/
　　불국정토를 청정하게 만드려고/
　　마음을 내면 곧 전도가 된다네//[66]

---

66) 天親,『金剛般若論』卷中, (大正藏25, p.791下) "不達眞法界 起度衆生意

그러므로 보살이라 부를 수가 없다.

또한 경문에서 말한 「여래가 설한 장엄불토 장엄불토라
는 것은 곧 장엄이 아니므로 장엄불국토라 이름하기 때문
이다.」는 것은 만약 보살이 무아법에 통달했다면 스스로
지혜와 신심을 일으킨다. 때문에 이 신심과 지혜는 세제보
살을 통섭하여 불러일으키고 아울러 출세제보살까지도 통
섭하여 불러일으킨다. 그래서 경문에서는 거듭 「보살 보살」
이라 말한 것이다.

【경문】須菩提 於意云何 如來有肉眼不 須菩提言 如是
世尊 如來有肉眼 佛言 須菩提 於意云何 如來有
天眼不 須菩提言 如是世尊 如來有天眼 佛言 須
菩提 於意云何 如來有慧眼不 須菩提言 如是世
尊 如來有慧眼 佛言 須菩提 於意云何 如來有法
眼不 須菩提言 如是世尊 如來有法眼 佛言 須菩
提 於意云何 如來有佛眼不 須菩提言 如是世尊
如來有佛眼

"수보리야, 어떻게 생각하느냐. 여래에게 육안이 있느냐."
수보리가 말씀드렸다.
"그렇습니다, 세존이시여. 여래에게는 육안이 있습니다."

及淸淨國土 生心卽是倒"

부처님께서 말씀하셨다.

"수보리야, 어떻게 생각하느냐. 여래에게 천안이 있느냐."

수보리가 말씀드렸다.

"그렇습니다, 세존이시여. 여래에게는 천안이 있습니다."

부처님께서 말씀하셨다.

"수보리야, 어떻게 생각하느냐. 여래에게 혜안이 있느냐."

수보리가 말씀드렸다.

"그렇습니다, 세존이시여. 여래에게는 혜안이 있습니다."

부처님께서 말씀하셨다.

"수보리야, 어떻게 생각하느냐. 여래에게 법안이 있느냐."

수보리가 말씀드렸다.

"그렇습니다, 세존이시여. 여래에게는 법안이 있습니다."

부처님께서 말씀하셨다.

수보리야, 어떻게 생각하느냐. 여래에게 불안이 있느냐."

수보리가 말씀드렸다.

"그렇습니다, 세존이시여. 여래에게는 불안이 있습니다."

【약소】就會正報文中。五眼卽爲五段。一一段中。各有
二句可知。所以有此敎興。若菩薩不見。卽無勝
能。爲答此疑。故文云。如來有五眼。能了別諸
法。見彼顚倒相。畢竟無爲。故名五眼

①-㉯ 둘의 正報의 相을 모아 實을 行하는 경문에는
五眼이 다섯 문단으로 이루어져 있다. 낱낱 문
단마다 각각 2구가 있는 줄을 알 것이다.

이와 같은 가르침이 일어난 이유에 대하여 만약 보살이
모른다면 곧 그 보살은 뛰어난 능력이 없는 택이 된다. 이
러한 의심에 답하기 위한 것이다.

때문에 경문에서는 여래에게 五眼이 있다고 말한다. 여
래의 오안은 제법을 요별하여 그 顚倒相을 알아서 필경에
무위가 되기 때문에 五眼이라 말한다.

【경문】佛言 須菩提 於意云何 如恒河中所有沙佛說是沙
不 須菩提言 如是世尊 如來說是沙 佛言 須菩提
於意云何 如一恒河中所有沙有如是等恒河 是諸
恒河所有沙數佛世界 如是世界寧爲多不 須菩提
言 彼世界甚多世尊 佛言 須菩提 爾所世界中所
有衆生 若干種心住 如來悉知 何以故 如來說諸
心住 皆爲非心住 是名爲心住 何以故 須菩提 過
去心不可得 現在心不可得 未來心不可得 須菩提
於意云何 若有人以滿三千大千世界七寶 持用布
施 是善男子善女人 以是因緣得福多不 須菩提言
如是世尊 此人以是因緣得福甚多 佛言 如是如是
須菩提 彼善男子善女人 以是因緣得福德聚多 須
菩提 若福德聚有實 如來則不說福德聚福德聚

부처님께서 말씀하셨다.

"수보리야, 어떻게 생각하느냐. 저 항하에 있는 모래를 부처님이 모래라고 설하느냐."

수보리가 말씀드렸다.

"그렇습니다, 세존이시여. 여래께서는 그것을 모래라고 설하십니다."

부처님께서 말씀하셨다.

"수보리야, 어떻게 생각하느냐. 저 하나의 항하에 모래가 있는데 그와 똑같은 만큼의 항하가 있다. 이 모든 항하의 모래 숫자만큼의 불세계가 있다. 이와 같은 불세계는 얼마나 많겠느냐."

수보리가 말씀드렸다.

"그 세계의 수는 매우 많습니다, 세존이시여."

부처님께서 수보리에게 말씀하셨다.

"그와 같은 만큼의 세계에 있는 중생의 다양한 종류의 心住를 여래는 다 알고 있다. 왜냐하면 여래는 모든 心住는 다 心住가 아니므로 이것을 이름하여 心住라 설하기 때문이다. 왜냐하면 수보리야, 과거심도 없고 현재심도 없으며 미래심도 없기 때문이다.

수보리야, 어떻게 생각하느냐. 만약 어떤 사람이 삼천대천세계에 칠보를 가득 채워 그것으로 보시한다고 하자. 이 선남자·선여인이 그 인연으로 얻는 복이 많겠느냐."

수보리가 말씀드렸다.

"그렇습니다, 세존이시여. 이 사람은 그 인연으로 얻는 복덕이 매우 많을 것입니다."

부처님께서 말씀하셨다.

"그렇다. 그 선남자·선여인이 그 보시의 인연으로 얻는 복덕은 많다. 수보리야, 만약 복덕에 實이 있다면 여래는 곧 복덕 복덕이라 설하지 않았을 것이다."

【약소】就第二行德分量。文中有五。初問答定其法數。二佛言須菩提下。問答現世多少。三佛告須菩提下。類成心數分齊。有三句可知。四須菩提於意云何下對境成行。有四句可知。五須菩提若福聚有實下。成行分量。文言如來說諸心住皆爲非心住者。此句示現遠離四念處故。此以何義。心住者住彼念處故。又文言若福德聚有實如來卽不說者。有實福德聚。是有漏故。是其顚倒。故不說也。福德聚福德聚者。無漏福德聚。爲智慧根本故。卽爲福德聚

5) - (2) 둘은[67] 수행의 복덕의 분량을 설명하는 부분이다.

_____

67) 이에 해당하는 부분은 다음과 같다. "부처님께서 말씀하셨다. 수보리야, 어떻게 생각하느냐. 저 항하에 있는 모래를 부처님이 모래라고 설하느냐." …."

경문에는 다섯 가지가 있다.

(2) - ① 하나는 문답으로 그 법수를 정하는 부분이다.

(2) - ② 둘은 「부처님께서 말씀하셨다. 수보리야, ···.」 이
하로서 현세의 다소에 대하여 문답한 부분이다.

(2) - ③ 셋은 「부처님께서 수보리에게 말씀하셨다. ···.」 이
하로서 心數의 문제를 분류한 부분이다. 여기에
3구가 있는 줄을 알 것이다.

(2) - ④ 넷은 「수보리야, 어떻게 생각하느냐. ···.」 이하로
서 경계에 상대하여 수행을 성취하는 것에 대한
부분이다. 여기에 4구가 있는 줄을 알 것이다.

(2) - ⑤ 다섯은 「수보리야, 만약 복덕이 실로 있다면 ···.」
이하로서 성취한 수행의 분량에 대한 부분이다.

경문에서 말한 「여래는 모든 心住는 다 心住가 아니므
로 이것을 이름하여 心住라 설하기 때문입니다.」는 구절은
사념처를 遠離했기 때문임을 시현한 것이다.

이것은 무슨 뜻인가·

「심주」라는 것은 그 念處에 주하는 것이다.

또한 경문에서 말한 「만약 복덕에 實이 있다면 여래는
곧 복덕 복덕이라 설하지 않았을 것이다.」는 것은 실로 복
덕이 있다고 하면 그것은 유루이기 때문이다. 이것은 전도
이므로 설하지 않는다는 것이다.

「복덕 복덕」이라는 것은 무루복덕이다. 이것은 지혜의

근본이 되기 때문에 복덕이 된다.

【경문】 須菩提 於意云何 佛可以具足色身見不 須菩提言
不也世尊 如來不應以色身見 何以故 如來說具足
色身 卽非具足色身 是故如來說名具足色身 佛言
須菩提 於意云何 如來可以具足諸相見不 須菩提
言 不也世尊 如來不應以具足諸相見 何以故 如
來說諸相具足 卽非具足 是故如來說名諸相具足
佛言 須菩提於意云何 汝謂如來作是念 我當有所
說法耶 須菩提 莫作是念 何以故 若人言如來有
所說法 卽爲謗佛 不能解我所說故 何以故 須菩
提 如來說法說法者 無法可說 是名說法

"수보리야, 어떻게 생각하느냐. 부처를 가히 색신을 구족
한 것으로 볼 수 있느냐."

수보리가 말씀드렸다.

"아닙니다. 세존이시여. 여래는 결코 색신을 통해서 볼
수는 없습니다. 왜냐하면 여래는 색신의 구족은 곧 색신의
구족이 아니라고 설하시기 때문입니다. 이런 까닭에 여래는
색신의 구족이라 이름한다고 설하십니다."

부처님께서 말씀하셨다.

"수보리야, 어떻게 생각하느냐. 여래를 가히 諸相의 구족

을 통해서 볼 수가 있느냐."

수보리가 말씀드렸다.

"아닙니다. 세존이시여. 여래를 결코 諸相의 구족을 통해서 볼 수는 없습니다. 왜냐하면 여래는 諸相의 구족은 곧 諸相의 구족이 아니라고 설하시기 때문입니다. 이런 까닭에 여래는 諸相의 구족이라 이름한다고 설하십니다."

부처님께서 말씀하셨다.

"수보리야, 어떻게 생각하느냐. 그대는 이른바 여래가 다음과 같이 '나는 마땅히 설한 법이 있다.'고 생각한다고 보느냐.

수보리야, 그와 같은 생각을 하지 말라. 왜냐하면 만약 어떤 사람이 여래가 설법을 했다고 말한다면 곧 그것은 부처님을 비방하는 것이다. 그는 내가 설한 바를 이해하지 못하기 때문이다. 왜냐하면 수보리야, 여래의 설법 설법이라는 것은 가히 설할 법이 없는 것을 설법이라 말하기 때문이다."

【약소】就第三行德離相文中。大分有三。初有四句。約色身辨離相。有六句可知。二佛告須菩提下有四句。約意業功德辨離相。三佛言須菩提於意云何下。約口業說法辨離相。於中有七句。文言說諸相具足卽非具足者。色身具足。非法身具足。色

身及相身。不離於法身。故文言說名諸相具足。
又文言說。法說法有二種。一者所說法。二者所
有義。故言說法說法。又文言無法可說是名說法
者。說法不離於法界。說法無自相。故言無說爲
說法也

5) – (3) 셋은68) 수행이 상을 여의었음을 변별하는 부분이다.
이에 해당하는 경문은 크게 세 가지로 나뉜다.

(3) – ① 하나는 4구가 있다. 색신을 가지고 離相을 변별
하는데 여기에 다시 6구가 있는 줄을 알 것이다.

(3) – ② 둘은 「부처님께서 수보리에게 말씀하셨다. ….」
이하로서 4구가 있는데 意業을 가지고 離相을
변별하는 부분이다.

(3) – ③ 셋은 「부처님께서 말씀하셨다. 수보리야, 어떻게
생각하느냐. ….」 이하로서 口業의 설법을 가지고
離相을 변별한 것이다. 이 가운데도 7구가 있다.

경문에서 말한 「여래는 색신의 구족은 곧 색신의 구족이
아니라고 설하시기 때문입니다.」는 것은 색신의 구족이지
법신의 구족이 아니다.

색신과 상신은 법신을 여의지 않는다. 때문에 경문에서 「諸

---

68) 이에 해당하는 부분은 다음과 같다. "수보리야, 어떻게 생각하느냐. 부처를
가히 색신을 구족한 것으로 볼 수 있느냐. …."

相의 구족이라 이름한다고 설하십니다.」고 말한다.

또한 경문에서 말한 「설법」이라는 그 설법에 2종이 있다.

하나는 所說法이다.

둘은 所有義이다.

때문에 「설법 설법」이라 말한 것이다. 또한 경문에서 말한 「설할 법이 없는 것을 설법이라 이름하기 때문이다.」는 것은 설법이 법계를 여의지 않고 설법에 自相이 없으므로 「설함이 없는 것을 설법이라 한다.」고 말한다.

【경문】 爾時 慧命須菩提 白佛言 世尊 頗有衆生 於未來
世 聞說是法 生信心不 佛言 須菩提 彼非衆生非
不衆生 何以故 須菩提 衆生衆生者 如來說非衆
生 是名衆生

그때 혜명 수보리가 부처님께 사뢰어 말씀드렸다.

"세존이시여, 자못 어떤 중생이 미래세에 이 설법을 듣고 신심을 낼 수 있습니까."

부처님께서 말씀하셨다.

"수보리야, 그들은 衆生도 아니고 不衆生도 아니다. 왜냐하면 수보리야, 중생 중생이라는 것은 여래가 중생이 아닌 것을 이름하여 중생이라 한다고 설했기 때문이다."

【약소】就第四顯法殊勝文中。大分有四可知。又言非衆
生非不衆生者。若有信此經。彼人卽非衆生。非
不聖體故也。非不衆生者。以有聖體故。彼人非
凡夫衆生。非不是聖體衆生。又言衆生衆生者。
如來說非衆生。是名衆生故。如來說非衆生者。
非凡夫衆生也。就大段第二釋餘行疑中有二。初
釋餘疑。二須菩提於意云何汝謂如來下。會相入
實。就初文中。大分有二。初正釋餘疑。二三千
大千世界下。校量顯勝

5)−(4) 넷은[69] 수행의 뛰어남을 드러낸 부분이다.
이에 해당하는 경문은 크게 네 가지가 있는 줄을 알 것
이다.

또 말한 바 「衆生도 아니고 不衆生도 아니다.」는 것은
만약 이 금강경의 경문을 믿으면 그 사람은 「중생도 아니
고」인데 이것은 성체 아님이 없기 때문이다.

「不衆生도 아니다.」는 것은 성체가 있기 때문이다. 그
사람은 범부중생이 아니어서 곧 성체중생 아님이 없다는
것이다.

---

69) 이에 해당하는 부분은 다음과 같다. "그때 혜명 수보리가 부처님께 사뢰어
말씀드렸다. 세존이시여, 자못 어떤 중생이 미래세에 이 설법을 듣고 신심
을 낼 수 있습니까. …"

또한 경문에서 말한「중생 중생이라는 것은 여래가 중생이 아닌 것을 이름하여 중생이라 한다고 설했기 때문이다.」에서「여래가 중생이 아닌 것을 …라 설한다.」는 것은 범부중생이 아니라는 것을 가리킨다.

5.- Ⅱ.-Ⅱ)-(Ⅱ)-ⅲ.…ⅱ)

둘째는 (「그때 수보리가 부처님께 말씀드렸다」이하「어떻게 住하고 어떻게 수행하며」이하 부분까지 해당한다. 이것은 나머지 의문에 대한 해석이다.

여기에는 두 가지가 있다.

1. 첫째는 나머지 의문을 해석한다.

2. 둘째는「수보리야, 어떻게 생각하느냐. 그대가 말한 여래 …」이하로서 相을 모아서 實에 들어가는 부분이다.

1. 첫째에도 크게 두 가지로 나뉜다.

1) 하나는 정식으로 나머지 의심을 해석한다.

2) 둘은「삼천대천세계 …」이하로서 교량하여 뛰어남을 드러내는 부분이다.

【경문】 佛言 須菩提 於意云何 如來得阿耨多羅三藐三菩
提耶 須菩提言 不也世尊 世尊無有少法 如來得
阿耨多羅三藐三菩提 佛言 如是如是 須菩提 我
於阿耨多羅三藐三菩提 乃至無有少法可得 是名

阿耨多羅三藐三菩提 復次須菩提 是法平等 無有
高下 是名阿耨多羅三藐三菩提 以無衆生無人無
壽者 得平等阿耨多羅三藐三菩提 一切善法得阿
耨多羅三藐三菩提 須菩提 所言善法善法者 如來
說非善法 是名善法

부처님께서 수보리에게 말씀하셨다.

"어떻게 생각하느냐. 여래가 아눅다라삼먁삼보리를 얻었
느냐."

수보리가 말씀드렸다.

"아닙니다. 세존이시여. 세존께서는 여래가 아눅다라삼먁
삼보리를 얻었다는 것에 대해서는 조금의 법조차도 가지고
있지 않습니다."

부처님께서 말씀하셨다.

"그래 그렇다. 수보리야, 나는 아눅다라삼먁삼보리 내지
얻을 수 있는 어떤 조금의 법조차 가지고 있지 않다. 이것
을 아눅다라삼먁삼보리라 말한다.

또한 수보리야, 이 아눅다라삼먁삼보리의 법은 평등하여
高下가 없다. 이것을 아눅다라삼먁삼보리라 말한다. 衆生
이 없고 人이 없으며 壽者가 없어야 평등한 아눅다라삼먁
삼보리를 얻을 수가 있다. 일체의 善法을 수행함으로써 아
눅다라삼먁삼보리를 얻는다.

수보리야, 말한 바 선법 선법이란 여래는 선법이 아니므
로 선법이라 말한다고 설한다."

【약소】初文有五。初審定可不。二須菩提下。答顯成正
義。有二句。三佛言下。如來述成正義。四復次
須菩提下。顯正義相。有三文。卽爲三義也。五
須菩提所言善法者下。揀非顯是。此義云何。以
法界不增減。是法平等。故無證得菩提者。文言
善法善法者。初善法者。是有漏善法。非無漏淨
善法。後善法者是無漏善法。非有漏善法。故名
善法也

1) 하나에도 다섯 가지가 있다.

1)-(1) 하나는 그런가 아닌가를 審定하는 부분이다.

1)-(2) 둘은 「수보리야, …」이하로서 답변으로 성취된
正義를 드러내는 부분인데 여기에 2구가 있다.

1)-(3) 셋은 「부처님께서 말씀하셨다. ….」이하로서 여
래께서 성취된 正義를 서술한다.

1)-(4) 넷은 「또한 수보리야, …」이하로서 正義의 相
을 드러내는 부분이다. 여기에 해당하는 세 가지
경문이 있는데 그것이 곧 세 가지 뜻이다.

1)-(5) 다섯은 「수보리야, 말한 바 선법 선법이란 ….」

이하로서 잘못됨을 간별하고 올바름을 드러내는
부분이다.

이에 해당하는 뜻은 무엇인가.

법계에 증감이 없는 이 법은 평등하다. 때문에 보리를
증득함도 없다. 경문에서 말한 「선법 선법」에서 앞의 선법
은 유루선법으로서 무루청정한 선법이 아니다. 그리고 뒤의
선법은 무루선법으로서 유루선법이 아니기 때문에 선법이
라 말한 것이다.

【경문】 須菩提 三千大千世界中 所有諸須彌山王 如是等
七寶聚 有人持用布施 若人以此般若波羅蜜經 乃
至四句偈等 受持讀誦爲他人說 於前福德 百分不
及一 千分不及一 百千萬分不及一 歌羅分不及一
數分不及一 優波尼沙陀分不及一 乃至算數譬喩
所不能及

"수보리야, 삼천대천세계에 있는 모든 수미산만큼 칠보를
가지고 어떤 사람이 보시한다고 하자. 또한 어떤 사람이 이
반야바라밀경 내지 사구게 등으로 受하거나 持하거나 讀하
거나 誦하거나 남을 위해 설해준다고 하자.

그러면 전자의 복덕은 후자의 복덕에 비하여 백 분의 일
에도 미치지 못하고, 천 분의 일에도 미치지 못하며, 백천

만 분의 일에도 미치지 못하고, 歌羅分의 일에도 미치지 못하며, 숫자로도 미치지 못하고, 優波尼沙陀分의 일에도 미치지 못하며, 내지 산수나 비유로도 미치지 못한다."

【약소】就第二校量文中。大分有三。所以教興者。疑者云。若一切善法得菩提。卽所說法不能得成佛。以無記法故。爲斷此疑。故今教興。雖所說法是無記而能成佛。以遠離所說法。不能得佛故。又此無記語。同小乘說。今此大乘。是善非無記。汎言校量勝者有四種。一數勝。二力勝。三不相似勝。四因勝也。數勝者。如文百千分不及一等也。力勝者。如經歌羅分不及也。不相似勝者。此福德中數不似也。因勝者。因果不相似。如經乃至優波尼沙陀分不及一也。就大段第二會相入實門中。大分有四。初會三相以從實。二須菩提若善男子善女人下。校量其德。三須菩提若有人下。顯行體深。四須菩提若善男子善女人下。顯行德分量。所以有此教興者。疑者云謂行觀外解相不入行理故也。就初會三相中。大分有三。一約度衆生相會從行理。二須菩提於意云何可以相成就下。約其身相會從行體。三須菩提於意云何如來下。約因成果相會從行理

2) 둘은70) 교량하여 뛰어남을 드러내는 부분에도 경문은 크게 셋으로 나뉜다.

2) - (1) 첫째는 敎가 흥기한 이유에 대한 부분이다. 의심하는 자는 '만약 일체선법으로 보리를 얻었다면 곧 설한 법은 성불하지 못할 것입니다. 그것은 무기법이기 때문입니다.'고 말할 것이다.

바로 이와 같은 의심을 끊어주기 위한 까닭에 지금 교의 흥기를 말하는 것이다.

2) - (2) 둘째는 비록 설한 법이 무기일지라도 성불할 수 있다. 설한 법을 遠離하고서는 佛이 되지 못하기 때문이다.

2) - (3) 셋째는 또한 이 無記語는 저 소승설과 같다. 지금 대승에서 이것은 선법이지 무기가 아니다.

무릇 뛰어남을 교량하는 것에도 4종이 있다.

첫째는 數가 뛰어난 것이다.

둘째는 力이 뛰어난 것이다.

셋째는 비슷한 바가 없는 뛰어남이다.

넷째는 因이 뛰어난 것이다.

첫째의 數가 뛰어난 것이란 경문에서 말한 「백천분의 일에도 미치지 못하고 …」이다.

둘째의 力이 뛰어난 것이란 경문에서 말한 「가라분의 일

---

70) 이에 해당하는 부분은 다음과 같다. "삼천대천세계 …."

에도 미치지 못한다.」는 것이다.

셋째의 비슷한 바가 없는 뛰어남이란 이 복덕 가운데 숫자로서 비슷한 바가 없다는 것이다.

넷째의 因이 뛰어나다는 것은 因과 果가 비슷하지 않다는 것으로 경문에서 말한 「내지 우파니사타분의 일에도 미치지 못한다.」는 것이 이에 해당된다.

2. 둘째는 「수보리야, 어떻게 생각하느냐. 그대가 말한 여래 ….」이하로서 相을 모아서 實에 들어가는 부분으로 크게 넷으로 나뉜다.

2.-1) 하나는 세 가지 相을 모아서 實에 나아가는 부분이다.

2.-2) 둘은 「수보리야, 만약 선남자·선여인이 ….」이하로서 그 덕을 교량하는 부분이다.

2.-3) 셋은 「수보리야, 만약 어떤 사람이 ….」이하로서 수행의 體가 깊음을 드러내는 부분이다.

2.-4) 넷은 「수보리야, 만약 선남자·선여인이 ….」이하로서 行德의 분량을 드러내는 부분이다.

때문에 이와 같은 敎가 흥기한 것이다.

의심하는 자는 '이를테면 觀을 수행하는 것[行觀] 이외에 相을 이해하는 것으로는 수행의 이치[行理]에 들어가지 못한다.'고 말한다.

1) 하나의 세 가지 相을 모아서 實에 나아가는 부분도

크게 셋으로 나뉜다.

(1) 하나는 중생을 제도하는 相을 모아서 行理에 나아가
는 부분이다.

(2) 둘은 「수보리야, 어떻게 생각하느냐. 가히 상의 성취
를 통해서 ….」 이하로서 그 身의 相을 모아서 行體
에 나아가는 부분이다.

(3) 셋은 「수보리야, 어떻게 생각하느냐. 여래 ….」 이하
로서 因이 果를 성취하는 相을 모아서 行理에 나아
가는 부분이다.

【경문】須菩提 於意云何 汝謂如來作是念 我度衆生耶
須菩提 莫作是念 何以故 實無有衆生如來度者
佛言 須菩提 若有實衆生如來度者 如來則有我人
衆生壽者相 須菩提 如來說有我者 則非有我 而
毛道凡夫生者 以爲有我 須菩提 毛道凡夫生者
如來說名非生 是故言毛道凡夫生

"수보리야, 어떻게 생각하느냐. 그대는 여래가 다음과 같
이 '나는 중생을 제도하였다.'고 생각한다고 보느냐.

수보리야, 그런 생각을 하지 말라. 왜냐하면 실로 중생
가운데 여래가 제도한 자는 없기 때문이다."

부처님께서 말씀하셨다.

"수보리야, 만약 실로 중생 가운데 여래가 제도한 자가 있다면 여래는 곧 아·인·중생·수자상이 있는 것이다. 수보리야, 여래가 설한 有我라는 것은 有我가 아니라 毛道 凡夫衆生이기 때문에 有我이다. 수보리야, 毛道凡夫衆生 이란 여래가 毛道凡夫衆生이 아니라고 말하기 때문에 毛 道凡夫衆生이라 한다고 설한다."

【약소】就初文中大分有五。初有四句。顯成實義。二佛言須菩提下。反以顯過。三須菩提如來說下。會其聖意。四而毛道下。明妄不識眞。五須菩提毛道下。明會述從正。故論偈云。平等眞法界。佛不度衆生。以名共彼陰。不離於法界。假名與法界無差別故。如來不度一衆生。若度衆生者。卽是五陰中取相故。文言說非生者。不生聖法。故言非生也。就大段第二會身相文中。大分有二。初長行總顯。第二爾時世尊下。說偈別明

1)-(1) 하나의 부분[71])에도 크게 다섯으로 나뉜다.

(1)-① 하나는 4구가 있는데 성취된 實義를 드러내는 부분이다.

(1)-② 둘은 「부처님께서 수보리에게 말씀하셨다. ….」이

---

71) 곧 '중생을 제도하는 相을 모아서 行理에 나아가는 부분'을 가리킨다.

하로서 반대로 허물을 드러내는 부분이다.

(1) - ③ 셋은 「수보리야, 여래가 서란 …」 이하로서 그 聖意를 모으는 부분이다.

(1) - ④ 넷은 「모도범부중생 …」 이하로서 망령되게 진실을 모르는 것에 대하여 설명하는 부분이다.

(1) - ⑤ 다섯은 「수보리야, 모도범부중생 …」 이하로서 서술하는 바를 모아서 올바른 데에 나아가는 것을 설명하는 부분이다.

때문에 『논』의 게송에서는 다음과 같이 말한다.

평등한 진여의 법계이므로
부처님은 중생제도 않는다
가명으로 함께하는 오음은
법계를 벗어나지 않는다네.[72]

가명과 법계는 차별이 없기 때문에 여래는 한 중생도 제도하지 않는다. 만약 중생을 제도한다면 곧 이것은 오음에서 상을 취하는 꼴이 되고 만다.

경문에서 말한 「모도범부중생이 아니라고 … 설한다.」는 것은 그 모도범부중생은 聖法을 발생시키지 못하므로 「모도범부중생이 아니다.」고 말한다.

---

72) 天親, 『金剛般若論』 卷下, (大正藏25, p.794中) "平等眞法界 佛不度衆生 以名共彼陰 不離於法界"

1) - (2) 둘의73) 그 身의 相을 모아서 行體에 나아가는 부
분은 크게 둘로 나뉜다.

(2) - ① 하나는 산문을 통해서 총체적으로 드러내는 부
분이다.

(2) - ② 둘은 「그때 세존께서 …」 이하로서 게송을 설
하여 별도로 설명하는 부분이다.

【경문】須菩提 於意云何 可以相成就得見如來不 須菩提
言 如我解如來所說義 不以相成就得見如來 佛言
如是如是 須菩提 不以相成就得見如來 佛言 須
菩提 若以相成就觀如來者 轉輪聖王應是如來 是
故非以相成就得見如來

"수보리야, 어떻게 생각하느냐. 가히 상의 성취를 통해서
여래를 볼 수가 있느냐."

수보리가 말씀드렸다.

"여래께서 설하신 뜻을 제가 이해하기로는 가히 상의 성
취를 통해서는 여래를 볼 수가 없습니다."

부처님께서 말씀하셨다.

"그래 그렇다. 수보리야, 상의 성취를 통해서는 여래를

---

73) 이에 해당하는 부분은 다음과 같다. "수보리야, 어떻게 생각하느냐. 가히
상의 성취를 통해서 …."

볼 수가 없다."

부처님께서 말씀하셨다.

"수보리야, 만약 상의 성취를 통해서 여래를 관찰할 수 있다면 전륜성왕도 마땅히 여래가 될 것이다. 그런데 전륜성왕은 여래가 아니지 않느냐. 이런 까닭에 상의 성취를 통해서는 여래를 볼 수가 없다."

【약소】初文有五。初審定可不。二須菩提下。答顯實義。三佛言如是下。述成正義。四佛言須菩提下。反成顯過。五是故非以相下。順結也。爾時世尊而說偈言若以色見我以音聲求我是人行邪道不能見如來彼如來妙體卽法身諸佛法體不可見彼識不能知偈文有四。初半行。擧過體。次半行。顯過義。次半行。擧法體。次半行。顯法德義。言彼識不能知者。彼凡夫識也

(2) - ① 하나의 부분은[74] 다섯으로 나뉜다.

① - ㉮ 하나는 그런가 그렇지 않는가를 審定하는 부분이다.

① - ㉯ 둘은 「수보리야, ….」 이하로서 답변으로 實義를 드러내는 부분이다.

---

74) 곧 '산문을 통해서 총체적으로 드러내는' 부분을 가리킨다.

①-㉡ 셋은「부처님께서 말씀하셨다. 그래 그렇다. …」
      이하로서 성취된 正義를 드러내는 부분이다.

①-㉣ 넷은「부처님께서 말씀하셨다. 수보리야, …」이
      하로서 반대로 성취된 허물을 드러내는 부분이다.

①-㉤ 다섯은「이런 까닭에 상을 통해서는 … 할 수가
      없다. …」이하로서 결론을 맺는 부분이다.

【경문】爾時 世尊 而說偈言

若以色見我/ 以音聲求我/ 是人行邪道/ 不能見如來//

彼如來妙體/ 卽法身諸佛/ 法體不可見/ 彼識不能知//

      만약 색으로 나를 보려 하거나
      음성을 통해 나를 찾으려 하면
      곧 잘못된 도를 행하는 것으로
      여래의 참 모습을 보지 못하네

      저 제불여래의 미묘한 법체는
      법신이라네 곧 그 법신제불은
      법체인 까닭에 색으로 못보네
      분별사식으로는 알 수가 없네

【약소】偈文有四。初半行。舉過體。次半行。顯過義。
      次半行。舉法體。次半行。顯法德義。言彼識不

能知者。彼凡夫識也

(2) - ② 게송의 경문은 네 가지가 있다.

② - ㉮ 첫째로 반 게송은 허물의 體를 든 것이다.

② - ㉯ 둘째로 반 게송은 허물의 뜻을 드러낸 것이다.

② - ㉰ 셋째로 반 게송은 법의 體를 든 것이다.

② - ㉱ 넷째로 반 게송은 법과 덕의 뜻을 드러낸 것이다.

「분별사식으로는 알 수가 없다.」는 것은 곧 범부의 識을
가리킨다.

【경문】須菩提　於意云何　如來可以相成就得阿耨多羅三
　　　　藐三菩提耶　須菩提　莫作是念　如來以相成就得阿
　　　　耨多羅三藐三菩提　須菩提　汝若作是念　菩薩發阿
　　　　耨多羅三藐三菩提心者　說諸法斷滅相　須菩提　莫
　　　　作是念　菩薩發阿耨多羅三藐三菩提心　說諸法斷
　　　　滅相　何以故　菩薩摩訶薩發阿耨多羅三藐三菩提
　　　　心者　於法不說斷滅相故

"수보리야, 어떻게 생각하느냐. 여래는 가히 상의 성취를
통해서 아뇩다라삼먁삼보리를 얻었느냐. 수보리야, 여래는
상의 성취를 통해서 아뇩다라삼먁삼보리를 얻었다는 그런
생각을 하지 말라.

수보리야, 그대가 만약 다음과 같이 '보살로서 아뇩다라삼먁삼보리심을 낸 자는 諸法이 단멸한다는 相을 설한다.'고 생각한다고 하자. 수보리야, '보살로서 아뇩다라삼먁삼보리심을 낸 자는 諸法이 단멸한다는 相을 설한다.'고 그런 생각을 하지 말라.

왜냐하면 보살로서 아뇩다라삼먁삼보리심을 낸 자는 제법이 단멸한다는 相을 설하지 않기 때문이다."

【약소】就第三會因成果相文中有五。初審定可不。二須菩提莫作是念下。抑見菩提成熟之相。三須菩提汝若作是念已下。成其能感發心過相。四須菩提莫作是念下。呵其謂情。五何以故已下。問答顯德。外人疑云。若菩提心不感於果。卽謂不依福德得眞菩提。爲去此疑。故經云。菩薩發菩提心者。於法不說斷滅相。以能成就智慧莊嚴功德莊嚴故

1)−(3) 셋은 「수보리야, 어떻게 생각하느냐. 여래 ⋯.」이하로서 因이 果를 성취하는 相을 모아서 行理에 나아가는 부분이다.

이에 해당하는 경문에는 다섯 가지가 있다.

(3)−① 하나는 그런가 그렇지 않은가를 審定하는 부분이다.

(3)−② 둘은 「수보리야, 그런 생각을 하지 말라. ⋯.」

이하로서 보리가 성숙했다는 상을 물리치는 부분이다.

(3) - ③ 셋은 「수보리야, 그대가 만약 다음과 같이 … 라고 생각한다면 …」 이하로서 그와 같이 느끼고 있는 발심의 過相을 말하는 부분이다.

(3) - ④ 넷은 「수보리야, 그런 생각을 하지 말라. …」 이하로서 그와 같이 말하는 생각이 입장을 꾸짖는 부분이다.

(3) - ⑤ 다섯은 「왜냐하면 … 」 이하로서 문답으로 덕을 드러내는 부분이다.

외도인은 의심을 가지고 '만약 보리심을 果로서 느끼지 못한다면 곧 복덕에 의해서는 참된 보리를 얻지 못한다는 말이 될 것이다.'고 말한다.

이와 같은 의심을 제거해주기 위하여 경문에서는 「보살로서 아뇩다라삼먁삼보리심을 낸 자는 제법이 단멸한다는 相을 설하지 않기 때문이다.」고 말한다. 이로써 지혜장엄과 공덕장엄을 성취할 수 있기 때문이다.

【경문】須菩提　若善男子善女人　以滿恒河沙等世界七寶
　　　　持用布施　若有菩薩知一切法無我得無生法忍　此
　　　　功德勝前所得福德　須菩提　以諸菩薩不取福德故
　　　　須菩提　白佛言　世尊　菩薩不取福德　佛言　須菩提

菩薩受福德 不取福德 是故菩薩取福德

"수보리야, 만약 선남자·선여인이 항하사 만큼의 세계에 가득찬 칠보를 가지고 보시한다고 하자. 또한 만약 어떤 보살이 일체법이 무아임을 알아 無生法忍을 얻는다고 하자. 그러면 이 공덕이 앞에서 칠보의 보시로 얻은 복덕보다 뛰어나다. 수보리야, 왜냐하면 제보살은 복덕에 집착[取]하지 않기 때문이다."

수보리가 부처님께 사뢰어 말씀드렸다.

"세존이시여, 보살은 어찌하여 복덕에 집착[取]하지 않습니까."

부처님께서 말씀하셨다.

"수보리야, 보살은 복덕을 받지만 복덕에 집착하지 않는다. 때문에 보살은 진실한 복덕을 얻는다."

【약소】就第二校量其德內。大分有五。初舉能校量法。二若有菩薩已下。對校量顯勝。三須菩提下。顯離取德。四須菩提白佛言下。述成前義。五佛言須菩提下。顯法同異。結成正義。文言得無生法忍者。有二種無我。不生二種無我相。是故文云受而不取者。彼福德得有漏果報故。彼福德可呵。此福德無有漏報。是故此福德受而不取

2.-2) 둘은[75] 그 덕을 교량하는 부분이다.

이에 해당하는 경문은 크게 다섯으로 나뉜다.

2)-(1) 처음은 교량하는 법을 언급하는 부분이다.

2)-(2) 둘은 「만약 어떤 보살이 ….」 이하로서 교량을 통하여 그 뛰어난 점을 드러내는 부분이다.

2)-(3) 셋은 「수보리야, ….」 이하로서 離取의 덕을 드러내는 부분이다.

2)-(4) 넷은 「수보리가 부처님께 말씀드렸다. ….」 이하로서 離取한 德의 의미를 서술하는 부분이다.

2)-(5) 다섯은 「부처님께서 수보리에게 말씀하셨다. ….」 이하로서 법의 同異를 드러내어 성취된 正義를 결론짓는다.

경문에서 말한 「無生法忍을 얻는다.」라는 것은 2종의 無我에서 2종의 無我相을 生하지 않는 것을 말한다.

이런 까닭에 경문에서 말한 「복덕을 받지만 복덕에 집착하지 않는다.」는 것은 저 칠보로 보시한 복덕은 유루의 과보를 얻기 때문에 가책할 만하지만 이 무생법인의 복덕은 유루의 과보가 아니라는 뜻이다.

이런 까닭에 「복덕을 받지만 복덕에 집착하지 않는다.」고 말한다.

---

75) 이에 해당하는 부분은 다음과 같다. "수보리야, 만약 선남자·선여인이 …."

【경문】須菩提 若有人言 如來若去若來若住若坐若臥 是
人不解我所說義 何以故 如來者 無所至去無所從
來 故名如來

수보리야, 만약 어떤 사람이 '여래는 혹은 가고 혹은 오
며 혹은 머물고 혹은 앉으며 혹은 눕는다.'고 말한다면 그
사람은 내가 설법한 뜻을 이해하지 못한 것이다. 왜냐하면
여래라는 것은 어디에도 가는 것이 없고 어디로부터도 오
는 것도 없기 때문이다. 그래서 여래라 말한다.

【약소】就第三顯行體深文有三可知。初應報化身有用。
彼法身諸佛不來不去。故凡夫不解。二何以故。
責。第三顯法身相常如是住。不變不異。故是深
也。故論偈云。去來化身佛。如來常不動。於是
法界處。非一亦不異

2.－3) 셋은76) 수행의 體가 깊음을 드러내는 부분이다.
이에 해당하는 경문에는 세 가지가 있는 줄을 알 것이다.
3)－(1) 그 처음은 응보의 화신에는 작용이 있지만 저 법
신의 제불은 오는 것도 아니고 가는 것도 아니
다. 때문에 범부는 그것을 모른다는 부분이다.

---

76) 이에 해당하는 경문은 다음과 같다. "수보리야, 만약 어떤 사람이 ⋯."

3)-(2) 둘은「왜냐하면」으로서 따져 이유를 설명하는 부분이다.

3)-(3) 셋은 법신의 相은 항상 다음과 같이 不變하고 不異하게 住해야 한다는 것을 드러내는 부분이다.

그러므로 『논』에서는 다음과 같이 말한다.

화신불에는 거래가 있지만
법신여래는 늘 부동하다네
그러므로 그들 법계처에는
一도 없고 또 異도 없다네.[77)]

【경문】須菩提 若善男子善女人 以三千大千世界微塵 復以爾許微塵世界 碎爲微塵阿僧祇 須菩提 於意云何 是微塵衆寧爲多不 須菩提言 彼微塵衆甚多 世尊 何以故 若是微塵衆實有者 佛則不說是微塵衆 何以故 佛說微塵衆 則非微塵衆 是故佛說微塵衆 世尊如來所說三千大千世界 則非世界 是故佛說三千大千世界 何以故 若世界實有者 則是一合相 如來說一合相 則非一合相 是故佛說一合相 佛言 須菩提 一合相者 則是不可說 但凡夫之人 貪著其事 何以故 須菩提 若人如是言 佛說我見人見衆

---

77) 天親, 『金剛般若論』 卷下, (大正藏25, p.795下) "去來化身佛 如來常不動 於是法界處 非一亦不異"

生見壽者見 須菩提 於意云何 是人所說爲正語不
須菩提言 不也世尊 何以故 世尊如來說我見人見
衆生見壽者見 卽非我見人見衆生見壽者見 是名
我見人見衆生見壽者見

"수보리야, 어떤 선남자·선여인이 삼천대천세계의 미진
이 있는데 다시 그 삼천대천세계의 미진수 만큼의 세계를
가지고 가루로 부수어 미진아승지를 만들었다고 하자. 수보
리야, 어떻게 생각하느냐. 이 미진중은 수가 얼마나 많겠느
냐."

수보리가 말씀드렸다.

"그 미진중은 수가 대단히 많습니다. 세존이시여. 왜냐하
면 만약 이 미진중이 실로 있다면 부처님께서는 그것을 미
진중이라 설하지 않으셨을 것입니다. 왜냐하면 부처님께서
설한 미진중은 미진중이 아니기 때문입니다. 이 때문에 부
처님께서는 미진중이라 설하십니다.

세존이시여, 여래가 설한 삼천대천세계는 곧 세계가 아
니기 때문에 부처님께서는 삼천대천세계라 설하십니다. 왜
냐하면 만약 세계가 실로 있다면 곧 그것은 일합상일 것입
니다. 그러나 여래가 설한 일합상이란 곧 일합상이 아닙니
다. 그러므로 부처님께서는 일합상이라 설하십니다."

부처님께서 말씀하셨다.

"수보리야, 일합상이란 곧 설할 수가 없는 것이다. 단지 범부인이 그것에 탐착할 뿐이다. 왜냐하면 수보리야, 만약 어떤 사람이 말하기를 '부처님께서 아견·인견·중생견·수자견을 설하였다.'고 하자. 수보리야, 어떻게 생각하느냐. 그 사람이 설한 것은 옳은 말이냐."

수보리가 말씀드렸다.

"아닙니다. 세존이시여. 왜냐하면 세존여래께서는 아견·인견·중생견·수자견은 곧 아견·인견·중생견·수자견이 아니라 그 이름이 아견·인견·중생견·수자견이라고 설하기 때문입니다."

【약소】就第四顯行德分量文中有五。初有四句。擧碎微塵末之數。顯染盡淨。於法界中無一住相故。微塵衆者。示現非一喩故。二何以故。問答釋教興意。三復何以已下。明聖教所趣。於中展轉有五句可知。四佛言須菩提下。顯其正義。五但凡夫之人下。會其聖意。於中有八句相生可知。文言若世界及一合相實有者。如來卽不說。何以故。凡夫應是。聖人應非故。餘者準之。文言一合相者。如分別見一實相也。若欲識其文意。先對文言。約凡聖二位。開其二相。一約衆生。見一合相。卽是一合相。卽非一合相。二約聖者。說一

合相。即非一合相。是名一合相。依此二門。取
解即易。其義云何。衆生見一合相者。由依似作實
塵解。即不見似塵藉於衆緣。及作時不住故。不
成合相。迷見實塵唯見一有故。是一合相者。由
見實塵定有性。故是合也。即非一合相者。由見
塵實即無實理。與無不異故。即非合故。佛說一
合相者。佛知似塵假合而成。非有似有。故說合
相。即非一合相者。此有二義非一合相。第一非
彼凡夫所謂實塵一合相。第二由彼諸緣作時不住
不作故。故非似合也。是名一合相者。由彼諸緣
似合成塵。故非是無。名一合相也。今聖意說一
合相。顯凡分別是其失明。聖人所見一合相者。
是離分別順其正理。故有此二言。趣入方便。其
義云何。有二種方便。一由似作故。離無分別。
以見似有。不得是無。若見是無。即是分別。由
似不作故。離有分別。以見似無。不得是有。若
見是有。即是分別。二由似作故。離無分別。以
見似有。不得是無。若見是無。即是分別。由似
作故。離有分別。今見似有。非是實有。若見實
有。即是分別。由似不作故。離有分別。以見似
無。不是實有。若見實有。即是分別。由似不作
故。離無分別。以見似無。不是實無。若見實無。

卽是分別。此可思。何以故。由此中義。與後八
喩有不同故。就大段。第三結文有五。初正結前
分。二何以故。責。三答顯正義。四須菩提若有
菩薩下。校其德。五云何爲人演說下。福德利
他。明行勝用

2. – 4) 넷은[78) 行德의 분량을 드러내는 부분이다.

이에 해당하는 경문에 다섯 가지가 있다.

4) – (1) 처음은 4구가 있다. 가루로 부수어버린 미진의 數
를 언급하는 부분이다. 이것은 染이 다한 淨은
법계에 하나도 住相이 없다는 것을 드러내는 부
분이다.

미진중이란 하나의 비유가 아니라 많다는 것을
언급한 것이다.

4) – (2) 둘은「왜냐하면 ….」[79) 이하로서 문답으로 敎가
흥기한 뜻을 해석한 것이다.

4) – (3) 셋은 다시「왜냐하면 ….」[80) 이하로서 부처님의
가르침이 趣하는 것을 설명하는 부분이다.

---

78) 이에 해당하는 부분은 다음과 같다. "수보리야, 만약 선남자 · 선여인이
….."

79) 이에 해당하는 부분은 다음과 같다. "왜냐하면 부처님께서 설한 미진중은
미진중이 아니기 때문입니다. …."

80) 이에 해당하는 부분은 다음과 같다. "만약 세계가 실로 있다면 곧 그것은
일합상일 것입니다. …."

이 가운데에 그 내용을 전개하는 것으로 5구가
있는 것을 알 수 있을 것이다.

4)-(4) 넷은 「부처님께서 말씀하셨다. 수보리야, ….」이
하로서 그 正義를 드러내는 부분이다.

4)-(5) 다섯은 「단지 범부인이 그것에 탐착할 뿐이다.
….」이하로서 그 부처님의 뜻을 모은 것이다.
여기에 있는 8구는 相을 일으키는 것에 대한 것
임을 알 수 있을 것이다.[81]

경문에서 말한 「만약 세계」와 「일합상」과 「실유」 등에
대하여 여래는 「만약 세계」와 「일합상」과 「실유」라고 설
하지 않았다. 왜 그런가.

이에 대하여 범부는 응당 그렇다[82]고 말하겠지만 부처님
은 응당 그렇지[83] 않다고 말할 것이다. 나머지는 이에 준
하여 알 수 있다.

경문에서 말한 「일합상」이란 저 하나의 實相에 대한 분

---

81) 여기에서 8구는 다음과 같다. "단지 범부인이 그것에 탐착할 뿐이다./ 왜냐
하면 수보리야, 만약 어떤 사람이 말하기를/ '부처님께서 아견 · 인견 · 중생
견 · 수자견을 설하였다.'라고 하자./ 수보리야, 어떻게 생각하느냐./ 그 사람
이 설한 것은 옳은 말이냐."/ 수보리가 말씀드렸다. "아닙니다. 세존이시여./
왜냐하면 세존여래께서는 아견 · 인견 · 중생견 · 수자견은 곧 아견 · 인견 ·
중생견 · 수자견이 아니라/ 그 이름이 아견 · 인견 · 중생견 · 수자견이라고
설하기 때문입니다."

82) 이에 해당하는 내용은 다음과 같다. "만약 세계가 실로 있다면 곧 그것은
일합상일 것입니다."

83) 이에 해당하는 내용은 다음과 같다. "만약 세계가 실로 있다면 곧 그것은
일합상일 것입니다."

별견해이다.

만약 이 경문의 뜻을 알고자 한다면 먼저 경문의 말을 살펴보아야 한다. 곧 범부위와 성인위를 가지고 그 二相을 開演한 것이다.

하나는 중생의 입장이다.

가화합의 일합상을 곧 진실한 일합상이라 하는데 그것은 곧 진실한 일합상을 보는 것이 아니다.

둘은 성인의 입장이다.

가화합의 일합상을 곧 진실한 일합상이 아니라 하는데 그것을 가화합의 일합상이라 말한다고 설한다.

이 二門에 의하면 해석은 쉽지만 그 뜻은 어떤가.

중생이 그렇게 일합상이라고 본다[84]는 것은 다음과 같다.

곧 비슷한 것에 의하여 實이라고 간주하는 잘못된 견해[塵解]에 말미암은 것이다. 곧 비슷한 미진이 衆緣으로 假藉한 것임을 보지 못하고, 또한 그와 같이 작용하는 때[作時]가 不住하기 때문에 일합상을 이루지 못한다. 實과 塵에 대한 미혹한 견해로 오직 하나가 있다는 것만 보기 때문이다.

이 「일합상」이란 實과 塵이 각자 정해진 성품으로 존재한다는 견해를 말미암기 때문에 「일합상」이 되는 것이다.

---

84) 이에 해당하는 부분은 다음과 같다. "일합상이란 곧 설할 수가 없는 것이다. 단지 범부인이 그것에 탐착할 뿐이다."

「즉비일합상」이란 塵과 實은 곧 實理가 없다는 견해를 말미암아 서로 다르지 않음[不異]이 없기 때문에 「卽非一合相」이 되는 것이다.

「부처님께서 일합상이라 설한다.」는 것은 다음과 같다. 곧 부처님께서는 비슷한 미진이 假合으로 이루어진 것임을 알아 진정한 일합상도 아니고 비슷한 일합상도 아니므로 [非有似有]「일합상」이라 설하는 것이다.

「즉비일합상」이란 이것은 두 가지 뜻에서 일합상이 아니다.

첫째는 저 범부가 말하는 實과 塵의 일합상이 아니라는 것이다.

둘째는 저 諸緣이 작용하는 때[作時]가 不住하고 不作함을 말미암기 때문이다.

그래서 비슷한 일합상[似合]도 아니다. 「시명일합상」이란 저 諸緣의 似合으로 이루어진 미진을 말미암은 것이다. 그래서 이것은 없는 것도 아니므로 일합상이라 이름한다.

지금 여기에서 일합상이라 설한 부처님의 뜻은 모든 분별은 그것이 잘못된 도리[失明]임을 드러내려는 것이다. 부처님께서 본 일합상이란 분별을 여의고 正理를 수순한 것이다. 때문에 이와 같은 두 가지 말[85]이 있는 것이다.

무여열반에 趣入하는 方便에 대한 것이다. 그 뜻은 무엇

---

85) 바로 위에서 언급한 "一約衆生 見一合相 卽是一合相 卽非一合相 二約聖者 說一合相 卽非一合相 是名一合相"을 가리킨다.

인가.

여기에 2종의 방편이 있다.

첫째는 비슷하게 작용함[似作]을 말미암는 것이다. 무분별을 떠나 있어서 견해로는 有와 비슷하지만 이것으로 진정한 무여열반을 얻지는 못한다. 또한 만약 무여열반이 있음을 본다면 그것이 곧 분별이 되고 만다.

비슷하게 작용하지 않음[不似作]을 말미암는 것이다. 유분별을 떠나 있어서 견해로는 無와 비슷하지만 이것으로 유여열반을 얻는 것은 아니다. 또한 만약 유여열반이 있음을 본다면 그것이 곧 분별이 되고 만다.

둘째는 비슷하게 작용함[似作]을 말미암는 것이다. 무분별을 떠나 있어서 견해로는 有와 비슷하지만 이것으로 진정한 무여열반을 얻지는 못한다. 또한 만약 무여열반이 있음을 본다면 그것이 곧 분별이 되고 만다.

비슷하게 작용함[似作]을 말미암는 것이다. 유분별을 떠나 있어서 견해로는 有와 비슷하지만 이것이 實有는 아니다.

또한 만약 實有라고 본다면 그것이 곧 분별이 되고 만다.

비슷하게 작용하지 않음[不似作]을 말미암는 것이다. 유분별을 떠나 있어서 견해로는 無와 비슷하지만 이것이 實有는 아니다.

또한 만약 實有라고 본다면 그것이 곧 분별이 되고 만다.

비슷하게 작용하지 않음[不似作]을 말미암는 것이다. 무

분별을 떠나 있어서 견해로는 無와 비슷하지만 이것이 實
無는 아니다.

또한 만약 무여열반이 있음을 본다면 그것이 곧 분별이
되고 만다.

이와 같은 것들은 생각해보면 가히 알 수 있을 것이다.
왜냐하면 이와 같은 뜻으로 말미암아 저 뒤에 이어지는 8
가지로 비유한 有는 같지가 않다.

5. - Ⅱ. - Ⅲ) 究竟分

셋째로 경문을 결론짓는 究竟分이다.

이에 해당하는 경문은 다섯 가지가 있다.

(Ⅰ) 첫째는 정식으로 지금까지의 앞의 경문을 결론짓는
부분이다.

(Ⅱ) 둘째는 「왜냐하면 ….」 이하로서 따져 이유를 설명
하는 부분이다.

(Ⅲ) 셋째는 답변으로 正義를 드러내는 부분이다.

(Ⅳ) 넷째는 「수보리야, 만약 어떤 보살이 ….」 이하로서
그 복덕을 교량하는 부분이다.

다섯째는 「어떻게 남을 위해 연설하고 ….」 이하로서 복
덕과 이타를 가지고 수행의 뛰어난 작용을 설명하는 부분
이다.

【경문】 須菩提　菩薩發阿耨多羅三藐三菩提心者　於一切
法　應如是知　如是見　如是信　如是不住法相　何以
故　須菩提　所言法相法相者　如來說卽非法相　是
名法相　須菩提　若有菩薩摩訶薩　以滿無量阿僧祇
世界七寶　持用布施　若有善男子善女人　發菩薩心
者　於此般若波羅蜜經　乃至四句偈等受持讀誦爲
他人說　其福勝彼無量阿僧祇

"수보리야, 보살로서 아뇩다라삼먁삼보리의 마음을 내는
자는 일체법에 대하여 마땅히 다음과 같이 알고 다음과 같
이 보며 다음과 같이 믿어서 다음과 같이 법상에 住해서는
안 된다. 왜냐하면 수보리야, 말한 바 법상 법상이라는 것
은 여래가 곧 법상이 아닌 것을 이름하여 법상이라 한다고
설하기 때문이다.

수보리야, 만약 어떤 보살마하살이 무량아승지 세계에
칠보를 가득 채워 그것을 가지고 보시한다고 하자. 또한 만
약 어떤 선남자·선여인이 보살심을 내어 이 반야바라밀경
내지 사구게 등을 受하거나 持하거나 讀하거나 誦하거나
남을 위해 설해 준다고 하자. 그러면 이 법보시의 복덕이
저 재물보시의 복덕보다 무량아승지배나 뛰어나다."

【약소】前文云如是知者。如是知法不生故。卽結前行發
　　　心。如是見者。卽見實相。卽結前行中如是住。
　　　如是信者。信行可成。卽結前行中如是修行。如
　　　是不住法相者。卽離分別故。卽結前行中降伏其
　　　心也

　저 앞의 경문이 초반부에서 말한 「마땅히 다음과 같이
알고」[86]라는 것은 다음과 같이 법이 不生함을 알아야 하기
때문이다. 이것은 곧 앞의 어떻게 發心해야 하는가에 대하
여 결론지은 것이다.
　「응당 다음과 같이 보며」라는 것은 곧 실상을 보아야 한
다는 것이다. 이것은 곧 앞의 보살행 가운데 어떻게 住해
야 하는가에 대하여 결론지은 것이다.
　「응당 다음과 같이 믿어서」라는 것은 곧 수행을 믿음으
로써 성취할 수 있다는 것이다. 이것은 곧 앞의 보살행 가
운데 어떻게 수행해야 하는가에 대하여 다음과 같이 수행
해야 한다는 것을 결론지은 것이다.
　「다음과 같이 법상에 住해서는 안 된다.」라는 것은 곧 분
별을 여의어야 하기 때문이다. 이것은 곧 앞의 보살행 가운데
어떻게 마음을 다스려야 하는가에 대하여 결론지은 것이다.

---

86) 이에 해당하는 부분은 다음과 같다. "보살로서 아뇩다라삼먁삼보리의 마음
　을 내는 자는 일체법에 대하여 마땅히 다음과 같이 알고"

【경문】 云何爲人演說 而不名說 是名爲說 爾時 世尊而
　　　 說偈言 一切有爲法 如星翳燈幻 露泡夢電雲 應
　　　 作如是觀

왜냐하면 남을 위해 연설하는 것은 설한다고 말하지 않
는데 이것을 설한다고 말하기 때문이다.
그때 세존께서 게송을 설하여 말씀하셨다.

　　형상을 통해 나타나 있는 일체 유위법은
　　아침의 별빛 그림자 등불의 불꽃 허깨비
　　이슬 물거품 꿈 번개 흘러가는 구름모습
　　마땅히 이와 같이 관찰해야 할 것이로다.87)

【약소】 就第五利他說法勝用文中有二。初長行總說生
　　　 起。二偈頌釋成。就偈文中有三段經。初一句舉
　　　 其法。次有二句九義顯其觀相。三有一句結以觀
　　　 成。言九義者。一星映不見。喩能見心法有而不
　　　 見。二翳者。見毛輪等色。有爲法亦爾。以顚倒
　　　 見故。三燈者。識亦如是。依止貪愛法住故。四
　　　 幻者。所依住處亦如是。以器世間種種差別無一

---

87) 이에 해당하는 범본의 내용은 다음과 같다. “현상계는 별빛[星]·그림자
　　[翳]/ 등불꽃[燈]·허깨비[幻]·이슬[露]·물거품[泡]/ 꿈[夢]·번개[電]·
　　구름[雲]과 같이/ 이와 같이 관찰해야 한다.//”

體實故。五露者。身亦如是。以少時住故。六泡
者。所愛事亦如是。以受想行三法不定故。七夢
者。過去法亦如是。以唯有念故。八電者。現在
法亦如是。刹那不住故。九雲者。未來法亦如
是。以於種子時阿梨耶識。與一切法爲種子根
本。無先因相。故如雲。餘文可知。異現如星。
無實如翳。速滅刹那若燈。緣成比幻。無常喩
露。體空況泡。見實如夢。有用象電。無本並
雲。二法中皆有九義不成實耳

(Ⅴ) 다섯째는[88) 복덕과 이타를 가지고 수행의 뛰어난 작
     용을 설명하는 부분이다.

이에 해당하는 경문에 두 가지가 있다.

처음은 산문으로 마음을 어떻게 생기해야 하는가에 대하
여 총설한 부분이다.

둘은 게송으로 마음을 어떻게 생기해야 하는가에 대하여
해석한 부분이다.

게송의 경문은 3단이 있다.

첫째의 제1구는 그 법을 든 부분이다.

둘째의 제2구와 제3구는 아홉 가지 비유의 뜻으로 그 관
찰해야 하는 모습[觀相]을 그려낸 부분이다.

---

88) 이에 해당하는 부분은 다음과 같다. "어떻게 남을 위해 연설하고 …."

셋째의 제4구는 관찰의 성취를 결론지은 부분이다. 아홉 가지 비유의 뜻이란 다음과 같다.

첫째, 태양이 빛나면 현재 있는 별빛[星映]이 보이지 않는다는 것이다. 비유하면 能見의 심법은 존재하지만 보이지 않는다.

둘째, 그림자[翳]는 눈에 백태가 끼면 毛輪(髮團) 등의 색이 보이듯이 유위법도 또한 그와 같아서 顚倒의 견해로 보기 때문이다.

셋째, 등불꽃[燈]처럼 識도 또한 그와 같아서 탐애의 법에 의지하여 住하기 때문이다.

넷째, 허깨비[幻]처럼 의지하고 있는 住處 또한 그와 같아서 곧 기세 간의 종종 차별은 어느 하나도 體實이 없기 때문이다.

다섯째, 이슬[露]처럼 몸도 또한 그와 같아서 잠시 住할 뿐이기 때문이다.

여섯째, 물거품[泡]처럼 愛事도 또한 그와 같아서 受·想·行의 세 가지 법은 머물러 있지 않기[不定] 때문이다.

일곱째, 꿈[夢]처럼 과거의 법도 역시 그와 같아서 단지 念만 있을 뿐이기 때문이다.

여덟째, 번개[電]처럼 현재의 법도 역시 그와 같아서 찰나도 머무르지 않기 때문이다.

아홉째, 구름[雲]처럼 미래의 법도 역시 그와 같다. 곧 종자로 있을 때는 아뢰야식이 일체법과 더불어 종자의 근본이 되어있지만 미리 정해져 있는 인연의 모습[先因相]이 없다. 때문에 구름과 같다는 것이다.

나머지 경문은 가히 알 수 있을 것이다.

정리하여 말하자면 낮과 밤에 다르게 나타나는 것이 마치 별과 같고, 실체가 없는 것이 마치 그림자와 같으며, 찰나에 속히 멸하는 것이 마치 등불꽃과 같고, 연으로 이루어진 것이 허깨비에 비유할 수 있으며, 무상한 것을 이슬에 비유하고, 체가 텅비어 있는 것이 물거품과 같으며, 실체를 보되 꿈과 같이 하고, 작용을 하되 번개와 같으며, 근본이 없는 것이 구름과 같다.

이와 같이 두 가지 법 곧 앞의 비유와 뒤의 설명 가운데 들어 있는 모든 아홉 가지 뜻은 實을 이루지 못한 것들이다.

【경문】佛說是經已 長老須菩提 及諸比丘比丘尼 優婆塞
優婆夷 菩薩摩訶薩 一切世間天人阿脩羅 乾闥婆
等 聞佛所說 皆大歡喜 信受奉行

부처님께서 이 경전을 설하여 마쳤다.

그러자 장로 수보리와 모든 비구와 비구니와 우바새와 우바이와 보살마하살과 일체세간의 천과 인과 아수라와 건달바 등이 부처님의 설법을 듣고 모두 크게 환희하여 믿고 받

아들이며 받들고 행하였다.[89]

【약소】 就第三流通文有二。初擧十衆爲受益者。第二聞
佛所說下。正明益相耳

5. - Ⅲ. 流通分

셋째의 유통분으로 이에 해당하는 경문에 두 가지가 있다.
Ⅰ) 하나는 10대중이 얻은 이익을 든 부분이다.
Ⅱ) 둘은 「부처님의 설법을 듣고 ….」 이하로서 정식으
로 이익의 모습을 설명한 부분이다.

佛說金剛般若波羅蜜經略疏 卷下
불설금강반야바라밀경약소 권하

---

89) 菩提流支本의 내용은 여기에서 끝나 있다. 그러나 유독 漢譯 가운데 羅什
本에만 다음과 같은 眞言이 수록되어 있다. 「眞言 : 나모 바가바제 바라게
바라미타예 옴 이리저 이시리 수로타 비사야 비사야 사바하 那謨婆伽跋帝
鉢喇壤 波羅弭多曳 唵伊利底 伊室利 輸盧馱 毘舍耶 毘舍耶 莎婆訶」

刊 記

石埭除子 靜施 洋銀四十圓 敬刻 此經連圈 計字二萬零
一百九十一箇
光緒 二十六年 夏五月 金陵 刻經處 識

석태제자의 청정한 보시금인 洋銀 40원으로 이 경전의
20,191字를 빠짐없이 敬刻하였다.

광서 26년(1900)[90] 5월의 여름날에 금릉의 각경처에서
쓰다.

---

90) 광서: 淸 德宗의 연호(1875 - 1908)

智儼의『金剛般若波羅蜜經略疏』
의 분과 및 그 사상적 특징

1. 서 언

至相智儼(600 - 668)은 중국 화엄종의 제2조로서 雲華尊者 또는 至相尊者 등으로 불리운다. 속성은 趙씨로서 隋나라 開皇 20년(600)에 출생하였다. 출가하면서부터 화엄경을 공부하여 杜順和尙에게 나아가 그 법을 이었다. 華嚴一乘의 종지를 터득하여 화엄경을 널리 강의하였다. 교학연찬에 힘써『華嚴經搜玄記』·『一乘十玄門』·『華嚴孔目章』·『華嚴五十要問答』등 20여 부의 저술을 통하여 종남산 지상사를 중심으로 화엄의 종지를 크게 진작하였다. 總章 원년(668) 10월에 입적하였다. 세수 69세였다.

『金剛般若波羅蜜經略疏』는 지엄이 菩提留支 한역본에 의거하여 그 형식과 내용에 해석을 가한 것이다. 형식으로는 기존의 3단 분과에 근거하여 序分·正宗分·流通分으로 나눈다. 그 가운데 正宗分에 대하여 立義分·解釋分·究竟分의 셋으로 나누고, 다시 해석분의 경우 둘로 나눈다.

그리고 내용으로는 所詮과 能詮의 입장에서 설명한다. 所詮의 宗趣에 대해서는 다섯 가지로 분류한다. 곧 첫째는 敎와 義의 상대, 둘째는 因과 果의 상대, 셋째는 人과 法의 상대, 넷째는 理와 事의 상대, 다섯째는 境과 行의 상대이다.

나아가서 能詮의 敎體에 대해서는 일승의 입장에서는 유식의 진여를 敎體로 삼고, 삼승의 입장에서는 소승교와 일승교의 두 가지로 분류한다.

그리고 수보리의 총론적인 네 가지 질문에 대하여 다음과 같이 말한다.[91]

첫째의 질문에 해당하는 어떻게 보리심을 내야 하는가에 대해서는 대승에서 발보리심해야 할 것을 10가지로 설명을 한다.

둘째의 질문에 해당하는 어떻게 住해야 하는가에 대해서는 한번 취득하면 다시는 물러남이 없는 것으로 설명하면서 法界眞如와 本覺寂靜과 離念明慧는 無分別智가 현현한 것이라 말한다.

셋째의 어떻게 수행해야 하는가에 대해서는 올바른 수행이 원만해지고 업행이 心에 상응하는 것이라 설명하면서 正智를 드러낸 것이라 말한다.

넷째의 어떻게 그 마음을 다스려야 하는가에 대해서는 방편에 의하여 마땅한 법에 調達하게끔 해야 한다고 설명한다.

나아가서 경문의 전체 내용에 대하여 實相般若 · 觀照般

---

91) 지엄은 보리유지 번역본에 주석을 붙였다. 보리유지 번역본은 수보리의 총론적인 질문이 云何菩薩大乘中發阿耨多羅三藐三菩提心, 應云何住, 云何修行, 云何降伏其心의 네 가지로 설정되어 있다.

若·文字般若의 3종반야를 설정하고,[92] 그 體와 德 및 그
에 이르는 수행의 모습에 대하여 설명하는 것으로 금강경
을 파악하고 있다. 3종반야의 體에 대해서는 發菩提心과
所住와 修行과 降伏 등으로 설명한다. 그리고 3종반야의
德과 用은 경문에서 언급한 비유를 중심으로 전개되어 있
다고 설명한다. 나아가서 3종반야를 실제에 대해서는 수행
의 본질[行事] 및 수행의 형태[行相]의 측면으로 나누어 설
명을 가한다.

이와 같은 해설은 究竟分[93]을 통하여 云何發心에 대해
서는 이와 같이 알고[如是知], 應云何住에 대해서는 이와
같이 보며[如是見], 云何修行에 대해서는 이와 같이 믿고
[如是信], 云何降伏其心에 대해서는 이와 같이 법상에 주
해서는 안 된다[如是不住法相] 라는 말로 귀결시키고 있다.

이전에 금강경의 분과에 대하여 천친은 『金剛般若論』에
서 내용을 중심으로 27단의로 파악하였고,[94] 금강선은 『金
剛仙論』에서 내용을 12분과로 설정하였으며,[95] 길장은 『金

---

92) 實相般若는 반야의 理와 體로서 본래부터 중생이 구비하는 것이다. 이것은
   일체의 虛妄相을 벗어나 있는 般若의 實性을 가리키는 것으로 所證의 理
   體이기도 하다. 觀照般若는 실상의 實智를 관조하는 것이다. 文字般若 곧
   方便般若는 諸法의 權과 智를 분별하는 것이다. 지엄은 이것을 경문에다
   적용하여 각각 應云何住, 云何修行, 云何降伏其心에 배대하였다.

93) 본 『金剛般若波羅蜜經略疏』에서 究竟分은 解釋分의 결론 부분을 겸하고
   있다.

94) 졸고, 「천친 금강반야바라밀경론의 4종어 考」, (『佛敎學報』 제38집. 2001
   년 12월. 불교문화연구원) ; 졸고, 「천친 금강반야바라밀경론의 4종심 考」,
   (『韓國佛敎學』 제30집. 2001년 12월. 한국불교학회)

剛般若經疏』에서 기존의 서분과 정종분과 유통분의 3단형식에 약간의 변형을 가한 3단 2주설의 구성으로 경문을 분과한 바가 있음[96]을 고찰한 바 있다.

이와 관련하여 지엄의 『略疏』는 어떤 특징을 지니고 있는가를 살펴서 금강경에 대한 보다 세밀한 이해를 도모하고자 한다. 그러나 지엄의 금강경의 주석서에만 국한된 연구논문이 아직까지는 전혀 없는 상태이다. 따라서 여기에서는 우선 기존의 한역 금강경에 대한 몇 가지 분과를 살펴보고, 나아가서 『金剛般若波羅蜜經略疏』의 구성과 특징에 대하여 살펴보고자 한다.

2. 漢譯 金剛經의 분과에 대한 몇 가지 견해

대정신수대장경 권25에 수록되어 있는 天親菩薩 造, 菩提留支 譯, 『金剛般若波羅蜜經論』 3권은 無著菩薩 造, 達摩笈多 譯, 『金剛般若論』과 더불어 金剛經에 대한 인도

---

95) 졸고, 「『金剛仙論』의 분과와 그 사상적 특징」, (『불교학연구』 제19호. 2008년 4월. 불교학연구회)

96) 졸고, 「길장의 금강경 분과에 대한 고찰」, (『佛敎學報』 제42집. 2005년 2월. 불교문화연구원)

찬술의 대표적인 論이다.[97] 이 가운데 天親의 『金剛般若波羅蜜經論』은 다음과 같이 3중 구조로 이루어져 있다.

첫째는 無著菩薩의 80偈頌이고,[98] 둘째는 菩提留支가 번역한 金剛經 經文[99]이며, 셋째는 無著菩薩이 송출한 77게송에다 天親論師가 각 게송마다 해설을 붙이면서 전체를 내용상 27斷疑로 구분하였다.

그리하여 금강경에 대한 天親의 논은 彌勒 — 無著 — 天親의 논석을 중심으로 이해되어 왔다. 곧 무착이 일광삼매에 들어 미륵으로부터 금강경의 내용을 게송의 형태로 전수받았다. 이것을 천친에게 설명해 주자 천친은 먼저 무착의 게송을 내세우고, 다음으로 이에 해당하는 경문을 인용하면서, 마지막에 자신의 해설을 붙여 3권본으로 만들어 내었다는 것이다.[100]

---

97) 이 밖에도 金剛仙 造, 菩提留支 譯, 『金剛仙論』 10권, 功德施菩薩 造, 地婆訶羅 等 譯 『金剛般若波羅蜜經破取著不壞假名論』 2권 등이 있다.

98) 한편 이 80게송은 義淨 譯, 『能斷金剛般若波羅蜜多經論頌』 1권, (大正藏 25, pp.885上 – 886下)으로 독립되어 있다.

99) 金剛經의 분과에 대해서 無著菩薩은 『金剛般若論』 2권 혹 3권본을 지으면서 18住位로 과판을 하였으며, 또한 80게송으로 송출하기도 하였다. 그의 俗弟인 天親은 無著의 論에 의하여 『金剛般若波羅蜜經論』 3卷을 찬술하면서 27斷疑로 분과하였고, 梁 武帝의 장자인 昭明太子는 32分으로 나누었다. 그런데 이 32분을 東晋의 道安이 내세운 일반 경전들에 대한 3분에 배대하면 서분 : 법회인유분 제1, 정종분 : 선현기청분 제2 – 응화비진분 제32의 앞 부분, 유통분 : 응화비진분 제32의 뒷부분에 각각 해당된다. 한편 天台智顗는 12分節로 나누기도 하였다.

100) 宗密 述, 子璿 治定, 『金剛般若經疏論纂要』, (大正藏33, p.155中) "天竺有無著菩薩 入日光定上昇兜率 親詣彌勒稟受八十行偈 又將此偈轉授天親 天親作長行解釋成三卷"

무착은 『금강반야론』[101]에서 경문의 전체를 7종의 義句 곧 1. 種性不斷, 2. 發起行相, 3. 行所住處, 4. 對治, 5. 不失, 6. 地, 7. 立名으로 파악하였다.

이 가운데 3. 行所住處를 자세하게 분과하여 發起行相의 所住處를 18종으로 구분하였다. 곧 (1) 發心住處, (2) 波羅蜜相應行住處, (3) 欲得色身住處 (4) 欲得法身住處, (5) 於修道得勝中無慢住處, (6) 不離佛出時住處, (7) 願淨佛土住處, (8) 成熟衆生住處, (9) 遠離隨順外論散亂住處, (10) 色及衆生身搏取中觀破相應行住處, (11) 供養級侍如來住處, (12) 遠離利養及疲乏熱惱故不起精進及退失等住處, (13) 忍苦住處, (14) 離寂靜味住處, (15) 於證道時遠離喜動住處, (16) 求敎授住處, (17) 證道住處, (18) 上求佛地住處 등이다.[102]

한편 천친은 수보리의 질문과 세존의 답변을 중심으로 하여 문답을 내용상 27종으로 분류하고 그 질문에 대하여 의심을 해결해주는 27斷疑로 파악하였다.[103] 곧 천친은 무착으로부터 전수받은 80게송[104] 각각에 금강경의 경문을

---

101) 無著의 『金剛般若論』은 현재 大正新脩大藏經 卷25에 2권본과 3권본이 達摩笈多의 번역본으로 모두 수록되어 있다. 2권본과 3권본은 내용상 차이보다는 분량에 약간의 가감이 있을 뿐이다.

102) 無著, 『金剛般若論』 卷1, (大正藏25, p.757中)

103) 이와 같은 사실에 대하여 규봉은 그의 『纂要』에서 분명히 설명하고 있다. 圭峯宗密 述, 長水子璿 治定, 『金剛般若經疏論纂要』, (大正藏33, p.155中)

104) 무착이 천친에게 전수해 준 게송은 본문에 대한 77게송에다 귀경게 2게

배대하고, 나름대로 해설을 가하는 형식을 취하였다.

나아가서 天親의 『論』에다 金剛仙論師가 자세한 해설을 가한 것이 『金剛仙論』인데 無著菩薩이 80게송으로 송출했다는 것은 별도로 번역되어 전하고 있다.[105] 無著菩薩이 송출한 그 80게송에다 天親論師가 각 게송마다 설명을 가한 것이 天親의 『金剛般若波羅蜜經論』 3권이다. 그리고 金剛仙論師가 天親論師의 論에 대하여 단락마다 게송 및 天親의 『論』을 수록하면서 자세한 해석을 가한 것으로 『金剛仙論』 10권이 있다.[106]

금강선은 경문과 논문에 대한 주석은 철저하게 천친의 논[107]의 구성에 근거하면서도 독자적으로 다음과 같이 12분으로 분과하고 있다. (1) 序分, (2) 善護念分, (3) 住分, (4) 如實修行分, (5) 如來非有爲相分, (6) 我空法空分, (7) 具足功德挍量分, (8) 一切衆生有眞如佛性分, (9) 利益分, (10) 斷疑分, (11) 不住道分, (12) 流通分.

天台智顗(538 - 597)가 說한 『金剛般若經疏』에서는 後

___

송, 회향게 1송을 합하여 80게송으로 구성되어 있다. 天親 造, 菩提留支 譯,『金剛般若論』, (大正藏25, pp.781 - 797) 및 無著 造, 義淨 譯,『能斷 金剛般若波羅蜜多經論頌』, (大正藏25, pp.885 - 886)

105) 無著菩薩의 계송만을 따로 번역한 것이 唐 三藏法師 義淨이 번역한 『能斷金剛般若波羅蜜多經論頌』 1권이다.(大正藏25, pp.885上 - 886下)

106) 『金剛仙論』, (大正藏25, pp.798上 - 874下)

107) 천친은 『금강반야론』에서 금강경의 내용을 27斷疑로 파악하였다. 졸고, 「天親 『金剛般若波羅蜜經論』의 四種心 考」, (『한국불교학』 제30집. 2001년 12월. 한국불교학회)

魏 말기에 菩提留支가 천친의 『금강반야론』에 수록되어
있는 80게송을 번역하였다는 것을 말하고 있다. 곧 그 내
용은 彌勒의 게송에 대하여 天親이 지은 長頌이 있다는
것과, 모두 3권으로 번역되었는데 그 속의 경문에 대하여
12分으로 나누었다는 것이다. 그 12분과는 곧 (1) 序文 (2)
護念分 (3) 住分 (4) 修行分 (5) 法身非身分 (6) 信者分
(7) 校量顯勝分 (8) 顯性分 (9) 利益分 (10) 斷疑分 (11)
不住道分 (12) 流通分이다.[108]

그리고 당시에 일찍이 東晋의 道安으로부터 시작되어
일반적으로 받아들여지고 있는 방식으로 한 경전에 대하여
열어놓은 3단 곧 序分・正宗分・流通分의 분과를 智顗도
인정은 하고 있었던 것 같다. 때문에 智顗는 序에는 通序
와 別序가 있으며, 正說은 前後 二周가 있으며 云云이라
말하고 있다.[109] 이로써 본다면 아마도 智顗가 12분으로
나누어 설명한 것은 金剛仙 造, 菩提留支 譯인 『金剛仙論』
에 의한 것으로 보인다.

특히 吉藏의 三段二周說에 대한 수용이 눈에 띈다. 규
기는 길장의 通序와 別序에 대해서는 각각 通由致와 別由

---

108) 智顗 說,『金剛般若經疏』, (大正藏33, p.76上) "又後魏末 菩提流支譯論
本八十偈 彌勒作偈 天親長行 釋總三卷分 文十二分 一序分 二護念分
三住分 四修行分 五法身非身分 六信者分 七校量顯勝分 八顯性分 九
利益分 十斷疑分 十一不住道分 十二流通分"
109) 智顗,『金剛般若經疏』, (大正藏33, p.76上)

致로 나누고, 정종분에 해당하는 정설분에서는 길장의 一
周廣說과 二周略說에 대해서 기본적으로는 초주 설법 및
후주 설법의 형식을 수용하면서 초주 설법에서 正宗을 분
리시켰다. 그리고 正宗 부분을 경문 전체의 대의 및 수보
리의 질문에 대한 총론의 성격으로 부각시켰다.

길장은 금강경에 대하여 주석을 가하면서 전체적으로 10
종으로 분별하여 설명을 가하고 있다. 이 가운데 제9 경전
의 章과 段을 해석하는 부분에서 다음과 같이 말한다.

> 이 경전은 文은 約하나 理는 玄하다. 그래서 해석
> 해보면 그 뜻이 분명해진다. 그러나 科를 치고 段
> 으로 분류하면 煙塵이 紛穢하여 마침내 이 반야의
> 일월까지도 뒤덮어 밝지 못하게 한다. 이제 그와
> 같은 여러 논사(법사)들의 견해를 열거하여 그 득
> 실을 드러내 보이겠다.[110]

그리고 길장은 그 일환으로 우선 12분의 설명을 소개하
고 있다.

> 北土에서는 보리유지삼장의 번역본을 상승하여 경
> 전 전체를 12分으로 해석하였다. 곧 (1) 序分, (2)

---

110) 吉藏, 『金剛般若疏』, (大正藏33, p.90下) "此經文約理玄 釋者鮮得其意
致使科段煙塵紛穢 遂令般若日月翳而不明 今粗列衆師 以示其得失"

護念付囑分, (3) 住分, (4) 修行分, (5) 法身非有爲分, (6) 信者分, (7) 格量分, (8) 顯性分, (9) 利益分, (10) 斷疑分, (11) 不住道分, (12) 流通分 등이다.[111]

이에 상대하여 三論의 吉藏이 찬술한 『金剛般若疏』에서는 앞에 언급한 12分은 北土의 相承으로서 菩提流支三藏이 자세하게 경전을 열어 12분으로 삼았다고 해석하고 있다.[112] 그러나 그것은 12분으로 나누었을지라도 因果를 벗어나지 못한다고 말한다.

곧 길장은 경론에 대한 직접적인 비판은 가하지 않고 주로 중국에서 형성된 몇몇 주석가들의 분과에 대하여 비판을 가하고 있다. 그 대표적인 것은 12분과에 대한 명목과 분류방식에 대한 것이었다. 12분과에 대해서는 6분과를 들어 각각 그에 해당되는 경문의 갈래를 나름대로 제시하였다. 또한 10가를 들어 12분과의 오류를 지적하였다. 또한 開善의 流派에서 내세우는 三段說에 대하여 선길의 질문을 歎請하는 序를 삼는 것에 대하여 비판을 가하였다.

이후 길장은 나름대로 3단설을 수용하는 근거를 제시하

---

111) 吉藏, 『金剛般若疏』, (大正藏33, p.90下)

112) 吉藏, 『金剛般若疏』 卷1 (大正藏33, 90下) "自北土相承流支三藏具開經作十二分釋"이라 말하고, 卷4 (大正藏33, 118上)에서는 "爾時須菩提白佛下 二周說法中此是第二 依論師十二分 此是第十斷疑"라고 말하며, 卷1 (大正藏33, 85上)에서는 "復次有婆藪槃頭弟子金剛仙論師 菩提流支之所傳述"이라고도 말하고 있다.

고 있다. 그 가운데서 정설에 해당하는 부분에 대해서는 2주설법을 계승하여 그에 대한 정당한 근거를 3가지로 제시하고 있다. 곧 선현의 前問과 後問이 있고 여래에게도 이에 상응하는 前答과 後答이 있다는 것, 前經 곧 제1주 설법에 대하여 네 가지 질문에 답변을 마치고 이후에 차제로 행간에 숨어 있는 의문과 힐난[玄疑伏難]에 대하여 계속하여 해석을 가한다는 것과, 나아가서 後問 곧 제2주 설법에 있어서도 마찬가지로 같은 질문에 대한 해석을 마친다는 것 등을 들고 있다.

또한 2주설법이 제시된 이유에 대하여 곧 前周에서는 實慧를 설명하고, 後周에서는 善巧方便을 판별하고 있다고 하며, 다시 제1주에서는 緣을 청정케 하고, 제2주에서는 觀을 다한다고 말한다. 이로써 보자면 길장은 서분·정종분·유통분의 3단구성을 인정한 가운데 서분에 대해서는 네 가지로 상세하게 구분을 가하고, 더욱이 정설 부분에 대해서는 2주설법을 인정하고 있다.

大乘窺基는 『金剛般若經贊述』[113]에서 내용과 형식에 있어서는 기존의 3단구성의 분과를 수용하면서 약간의 수정을 가하였다. 처음의 「如是我聞」부터 「敷座而坐」까지를 由致分으로 하고, 「時長老須菩提卽從坐起」이하 「應作如是觀」까지를 發請廣說分으로 하며, 「佛說是經已」이하 「

---

113) 大正新脩大藏經 제33권 수록본에 의거함.

信受奉行」까지를 喜悟修行分이라 이름하여 천친의 논석에
의하여 小科로 나누고 있다.114)

또한 唐 宗密이 述하고 宋 子璿이 治定한『金剛般若經
論疏纂要』에서는 당시의 羅什 역본에 의해서 분과를 시설
하면서 아울러 天親의 해석과 無著의 해석도 겸하고 있다.
그리고 한편으로는 그 밖의 論을 구하고 諸疏를 채집하여
纂要라는 제목을 붙이고 있다.115)

마찬가지로 이후에 羅什 역본에 의하여 明의 宗泐과 如
玘가 奉詔하여 同註한『金剛般若波羅蜜經註解』는 이미
서술한 바와 같이 이 經을 32분으로 나누는 것을 梁의 소명
태자가 한 것이라 말하지만 본래 譯本에는 없는 것이다.
그래서 이 주석은 오로지 彌勒・天親의 偈論에 기초하여
그 뜻만 취하고 모든 용어는 사용하지 않았다. 그것은 그
용어가 어려웠기 때문에 初學者에게 편리하게끔 하려고 했
다고 한다.116)

吉藏은 金剛經에 대하여 주석을 가하면서 전체적으로
10종으로 분별하여 설명을 가하고 있다.117) 따라서 吉藏은
그 일환으로 우선 12분의 설명을 소개하고 있다.118) 이에

---

114) 窺基,『金剛般若經贊述』卷上, (大正藏33, p.126上)

115) 宗密 述, 宋 子璿 治定,『金剛般若經論疏纂要』, (大正藏33, p.155中)

116) 宗泐・如玘 同註,『金剛般若波羅蜜經註解』, (大正藏33, p.228中)

117) 吉藏,『金剛般若疏』, (大正藏33, p.90下) "此經文約理玄 釋者鮮得其意
致使科段煙塵紛穢 遂令般若日月翳而不明 今粗列衆師 以示其得失"

상대하여 吉藏이 찬술한 『金剛般若疏』에서는 앞에 언급한 12分은 北土의 相承으로서 菩提留支 三藏이 자세하게 경전을 열어 12분으로 삼았다고 해석하고 있다.[119] 그러나 그것은 12분으로 나누었을지라도 因果를 벗어나지 못한다고 말한다. 그 인과에도 四周가 있다고 설명한다.[120]

그러나 길장은 이와 같은 12분의 해석도 『大毘婆沙論』의 해석일 뿐이라 하여 금강경에 대한 혼돈의 근원은 바로 여기에 있다고 말한다. 이에 그 허물을 10가지로 조목조목 힐난하고 있다.[121]

---

118) 吉藏, 『金剛般若疏』, (大正藏33, p.90下) "北土에서는 보리유지삼장의 번역본을 상승하여 경전 전체를 12분으로 해석하였다. 곧 (1) 序分, (2) 護念付囑分, (3) 住分, (4) 修行分, (5) 法身非有爲分, (6) 信者分, (7) 格量分, (8) 顯性分, (9) 利益分, (10) 斷疑分, (11) 不住道分, (12) 流通分 등이다."

119) 吉藏, 『金剛般若疏』 卷1 (大正藏33, p.90下) "自北土相承流支三藏具開經作十二分釋"이라 말하고, 卷4 (大正藏33, p.118上)에서는 "爾時須菩提白佛下 二周說法中此是第二 依論師十二分 此是第十斷疑"라고 말하며, 卷1 (大正藏33, p.85上)에서는 "復次有婆藪盤頭弟子金剛仙論師 菩提流支之所傳述"이라고도 말하고 있다.

120) 吉藏, 『金剛般若疏』 卷1, (大正藏33, p.91上) "第一周 因果 : 제2 護念付囑分부터 제4 修行分까지는 因을 설명하고, 제5 法身非有爲分은 果의 이익을 판별한다. 第二周 因果 : 다음으로 제6 信者分과 제7 格量分은 因이 되고, 제8 顯性分은 顯性을 感得하는 果이다. 第三周 因果 : 이미 불성을 터득하고 난 이후 그 불성에 의한 수행은 곧 因의 뜻이고, 그 因이 있기 때문에 果를 얻게 되므로 제9 利益分이다. 第四周 인과 : 제10 斷疑分은 因이 되고, 제11 不住道分은 그 果이다. 然分雖十二 不出因果 統其始末 凡有四周 護念付囑 至修行分 此則明因 法身非有爲分 斯則辨果益 是一周明果也 次從信者分 至于格量 此則爲因 感得顯性之果 此則次周明果也 旣明佛性 依性之修行卽因義 有因故得果 卽利益分 謂三周明果也 斷疑爲因 不住道爲果 則四周明因果也"

121) 吉藏, 『金剛般若疏』 卷1, (大正藏33, pp.91上20 - 92上5)

우리나라에서는 조선 초기에 涵虛得通이 『金剛般若波羅
蜜經綸貫』에서 세 종류의 근기에 따른 종지를 바탕으로
분과하였다. 함허가 기존의 경전형식을 수용하면서도 독특
하게 서분·정종분·유통분의 3단과 그 전체를 10문으로
분과한 것은 기존의 3단분과를 인정하고 있다.[122]

그러나 단순히 3단구성의 틀을 계승한 것이 아니다. 그
것은 금강경 경문의 특성이기도 한 반복적인 문답으로 인
한 번거로움을 3종의 근기를 상대로 분과함으로써 말끔히
해소했기 때문이다.[123] 곧 정종분에 대하여 8문으로 분과하
여 각각 상근기·중근기·하근기를 위한 8문으로 재구성함
으로써 경문의 뜻이 중첩되어 있고 그 흐름도 차례가 뒤섞
여 있다는 질문에 대하여 명쾌한 답변을 주었기 때문이다.

---

122) (1) 상근기(次第開示)의 8문 : ① 依理起信門(亦名開示悟入門)·② 依悟
起修門·③ 成行就果門·④ 因果圓融門·⑤ 法通未來門·⑥ 依理拂
迹門·⑦ 現勝勸持門·⑧ 還示拂迹門. (2) 중근기(累累而說)의 7문 : ①
依理起信門·② 依悟起修門·③ 成行就果門·④ 因果圓融門·⑥ 依
理拂迹門·⑤ 法通未來門·⑦ 現勝勸持門. (3) 하근기(累累而說)의 7문 :
① 依理起信門·② 依悟起修門·③ 成行就果門·④ 因果圓融門·⑥
依理拂迹門·⑦ 現勝勸持門·⑧ 還示拂迹門. 각각의 분류순서를 보면
중근기의 경우 상근기에 비하여 ⑤와 ⑥이 바뀌어 있고, 하근기의 경우
⑤가 생략되어 있다.

123) 졸고, 함허의 『剛般若波羅蜜經綸貫』의 분과 고찰. (『한국선학』 제12호. 한
국선학회. 2005년 12월)

3. 『金剛般若波羅蜜經略疏』의 구성

1) 『金剛般若波羅蜜經略疏』의 분과

지엄의 『金剛般若波羅蜜經略疏』 2권 전체는 다음과 같이 구성되어 있다.[124)

佛說金剛般若波羅蜜經略疏 卷上

1. 금강경의 가르침이 발생한 연유를 설명한다.

2. 금강경이 속해 있는 경전의 분제를 설명한다.

3. 금강경 속에 들어있는 所詮의 宗趣 및 能詮의 敎體를 설명한다.

3. - 1). 총체적으로 宗趣를 설명한다.

3. - 2). 能詮의 敎體를 설명한다.

4. 경전의 제목을 해석한다.

5. 경전의 본문을 나누어 해석한다.

5. - 1) 序分

5. - 1) - (1) 證信序

5. - 1) - (2) 發起序

---

124) 본 『金剛般若波羅蜜經略疏』의 구성은 大正新脩大藏經 제33권 수록본에 의한다. 분과 표시는 편의상 붙인 것이다.

5. - 2) 正宗分

5. - 2) - (1) 立義分

5. - 2) - (2) 解釋分 <1>

5. - 2) - (2) - ① 心을 해석하여 3종반야를 드러낸다.

5. - 2) - (2) - ① - ㉠ 3종반야의 體와 德을 이해한다.

5. - 2) - (2) - ① - ㉠ - ㉮ 반야를 이해하여 견고한 허망을 여읜다.

5. - 2) - (2) - ① - ㉠ - ㉯ 의문을 크게 넷으로 나눈다.

5. - 2) - (2) - ① - ㉡ 3종반야를 드러낸다.

5. - 2) - (2) - ① - ㉡ - ㉮ 자세하게 그 行事를 드러내는 부분이다.

5. - 2) - (2) - ① - ㉡ - ㉯ 간략한 말로써 공덕을 자세하게 드러낸다.

佛說金剛般若波羅蜜經略疏 卷下

5. - 2) - (2) 解釋分 <2>

5. - 2) - (2) - ② - ㉠ 3종반야의 수행의 體를 묻는다.

5. - 2) - (2) - ② - ㉡ 수행의 相을 드러내어 자세하게 답변한다.

5. - 2) - (2) - ② - ㉡ - ㉮ 수행으로 3종반야의 體와 相을 설명한다.

5. - 2) - (2) - ② - ㉡ - ㉯ 수행으로 나머지 의심을 해석

한다.

5. – 2) – (2) – ② – ㉡ 질문에 대한 뜻을 결론지은 부분이다.

5. – 2) – (3) 究竟分

5. – 3) 流通分

＜刊記＞

2)『金剛般若波羅蜜經略疏』의 특징

위의 구성을 통하여 알 수 있듯이 지엄은 먼저 금강경의
가르침이 발생된 연유에 대하여 설명한다. 그 연유는 곧
"초심보살로 하여금 정진토록 하여 근숙성문으로 나아가게
끔 하려는 것이다. 이 때문에 마침내 경문을 내세워 그것을
분별함으로써 공을 성취시키고 경문의 가르침을 공고히 하
려는 것이다."[125]는 것이다.

그리고 금강경의 所詮의 宗趣 및 能詮의 敎體에서 먼저
所詮의 宗趣에 대하여 3종반야로 설명을 한다. 구체적으로
는 敎와 義, 因과 果, 人과 法, 理와 事, 境과 行을 상대
적인 입장으로 파악하고 있다.[126] 한편 能詮의 敎體에 대

---

125) 智儼,『佛說金剛般若波羅蜜經疏』卷上, (大正藏33, p.239上10 – 18)

126) 智儼,『佛說金剛般若波羅蜜經略疏』卷上, (大正藏33, p.239中17 – 26)
    "此經卽用三種般若 一實相般若二觀照般若三文字般若 所以知者爲下經
    文具明理行及敎三義故 第二別明宗趣者有五義 第一敎義相對用敎爲宗
    以義爲趣 第二因果相對以因爲宗用果爲趣 爲下文中所住及修行幷調伏
    並約成因行義故 第三人法相對者用法爲宗以人爲趣爲依法成佛故 第四

하여 만약 일승으로 보자면 유식의 진여를 敎體로 삼고,
만약 삼승으로 보자면 소승교와 일승교라고 말한다.127)

나아가서 경전의 본문은 證信序·發起序의 서분과, 立義
分·解釋分·究竟分의 정종분과, 流通分으로 나누고 있다.

정종분의 경문에 대하여 지엄은 크게 立義分·解釋分·
究竟分의 셋으로 구분한다. 立義分은 수보리의 물음에 대
하여 칭찬하고 잘 들어보라고 대중을 경계시키는 부분에
해당한다.

그때 부처님께서 수보리에게 말씀하셨다. 잘 물었
다. 진실로 잘 물어보았다. 수보리야, 그대가 말한
바와 같이 여래는 모든 보살을 잘 호념하고 모든
보살을 잘 부촉한다. 그대는 이제 분명하게 듣거
라. 진실로 그대를 위하여 설해 주리라. 저 보살이
대승에서 아뇩다라삼먁삼보리의 마음을 내어서는
마땅히 다음과 같이 住하고 다음과 같이 수행하며
다음과 같이 그 마음을 다스려야 한다.128)

理事相對者以理爲宗用事爲趣　第五境行相對以境爲宗以行爲趣立境敎欲
成其行故也"

127) 智儼, 『佛說金剛般若波羅蜜經略疏』 卷上, (大正藏33, p.239中26 - 28)
"能詮敎體者若約一乘以唯識眞如爲體　不可以分別智知故　若約三乘有二
義一同小乘敎二同一乘敎"

128) 智儼, 『佛說金剛般若波羅蜜經略疏』 卷上, (大正藏33, p.240中5 - 8) "爾
時佛告須菩提　善哉善哉　須菩提如汝所說　如來善護念諸菩薩善付囑諸菩
薩　汝今諦聽　當爲汝說　如菩薩大乘中發阿耨多羅三藐三菩提心　應如是
住　如是修行　如是降伏其心"

이 立義分 가운데 첫째의 질문인 대승에서 어떻게 발보리심해야 하는가에 대하여 10가지로 설명을 가한다.

하나는 佛果를 끝까지 추구하는 것이다. 둘은 법계를 끝까지 드러내는 것이다. 셋은 수행을 끝까지 설명하는 것이다. 넷은 3종장애를 끝까지 끊어버리는 것을 설명한다. 다섯은 중생을 끝까지 제도하는 것이다. 여섯은 선지식을 끝까지 추구하는 것이다. 일곱은 그 善願을 끝까지 성취하는 것이다. 여덟은 發心位를 끝까지 頓發하는 것이다. 아홉은 인과를 끝까지 善應하는 것이다. 열은 모든 功相을 성취하여 자재하게 득입할 때까지 끝까지 궁구하는 것이다.[129]

둘째의 질문인 應云何住에 대하여 실상반야로 설명하고, 나아가서 法界眞如와 本覺寂靜과 離念明慧는 無分別智가 현현한 것을 설명한 것으로서 한번 취득하면 다시는 물러남이 없는 것을 住라 말한다.

셋째의 云何修行에 대하여 수행으로 성취한 正智를 드러낸 것으로 설명한다. 곧 올바른 수행[正助]이 원만해지고

---

129) 智儼, 『佛說金剛般若波羅蜜經略疏』 卷上, (大正藏33, p.240中16 - 19) "一求佛果盡 二顯法界盡 三明修行盡 四明斷三種障盡 五度衆生盡 六求善知識盡 七成其善願盡 八頓發位盡 九善應因果盡 十自在攝成諸功相入等盡"

업행이 心에 상응하는 것을 수행이라 말한다.

넷째의 云何降伏其心에 대하여 범부의 心識은 허망하게 흔들리고 오랫동안 윤회하지만 이제 방편에 의하여 마땅한 법에 調達하게끔 하기 때문에 다스린다고 말한다.[130]

이 立義分은 발보리심[131]을 들어 경전의 전체적인 대의로 간주할 뿐 질문으로는 설정하지 않았다. 이 점은 기존의 論疏들에서 수보리의 총론적인 질문 가운데 하나로 간주되던 것과는 크게 다르다. 곧 수보리의 총론적인 질문을 두 가지로 간주할 경우에는 應云何住와 云何降伏其心으로 요약되고, 세 가지로 간주할 경우에는 應云何住와 云何修行과 云何降伏其心으로 요약되며, 네 가지로 간주할 경우에는 云何發心과 應云何住와 云何修行과 云何降伏其心으로 요약되기 때문이다.

正宗分의 解釋分은 크게 두 부분으로 나뉜다. 첫째의 해석분의 내용은 반야의 體相을 자세하게 변별하는 부분으로 다음과 같다.

그때 부처님께서 수보리에게 말씀하셨다. … 수보

---

130) 智儼, 『佛說金剛般若波羅蜜經略疏』 卷上, (大正藏33, p.240中19 - 25) 내용 발췌.

131) 智儼, 『佛說金剛般若波羅蜜經略疏』 卷上, (大正藏33, p.240中16 - 19) "一求佛果盡 二顯法界盡 三明修行盡 四明斷三種障盡 五度衆生盡 六求善知識盡 七成其善願盡 八頓發位盡 九善應因果盡 十自在攝成諸功相入等盡"

리야, 마땅히 알아야 한다. 이 법문은 불가사의하
고 그 과보도 또한 불가사의하다.[132]

여기 첫째의 해석분은 心을 해석하여 3종반야를 드러내
고 있다.

둘째의 해석분에 대하여 지엄은 수행의 相을 드러내어
자세하게 답변하는 부분으로 설정하였는데 다음의 부분이
이에 해당한다.

그때 수보리가 부처님께 말씀드렸다. 세존이시여,
보살은 어떻게 아뇩다라삼먁삼보리의 마음을 내고,
어떻게 주하며, 어떻게 수행하고, 어떻게 그 마음
을 다스려야 합니까. … 수보리야, 보살로서 아뇩
다라삼먁삼보리의 마음을 내는 자는 일체법에 대
하여 마땅히 이와 같이 알고 이와 같이 보며 이와
같이 믿고 이와 같이 법상에 주해서는 안 된다. 수
보리야, 왜냐하면 말한 바 법상 법상을 여래는 법
상이 아니라고 설하기 때문에 곧 법상이라 말한다.
수보리야, 만약 어떤 보살마하살이 무량아승지 세
계에 칠보를 가득 채워 그것을 가지고 보시한다고
하자. 또한 만약 어떤 선남자·선여인이 보살심을
내어 이 반야바라밀경 내지 사구게 등을 受하거나
持하거나 讀하거나 誦하거나 남을 위해 설해 준다

---

132) 智儼, 『佛說金剛般若波羅蜜經略疏』 卷上, (大正藏33, pp.240中8 - 246下
18) "爾時佛告須菩提 … 須菩提 當知 是法門不可思議 果報亦不可思
議"

고 하자. 그러면 이 법보시의 복덕이 저 재물보시
의 복덕보다 무량아승지배나 뛰어나다.[133]

곧 둘째의 해석분에서는 그 行事에 의하여 3종반야를 변
별한다. 그런데 3종반야 가운데 解[134]는 正說法身에 의한
것이고, 또한 證[135]과 行[136]은 正證法身에 의한 것이다.
둘째의 해석분은 저 수행의 형태[行相]에 의하여 3종반야
를 드러낸 것[137]으로 파악하고 있다.

解釋分의 경우에 대하여 이처럼 지엄은 두 부분으로 나
누고 있다. 여기에서 지엄은 心을 3종반야로 해석하는 것
은 네 가지 곧 發菩提心과 所住와 修行과 降伏 등에서 3
종반야의 體에 대한 의심을 해결해주는 것으로 간주한다.

먼저 발보리심의 구체적인 내용을 보살의 4종심 가운데
3종심으로 파악하고 있다.[138]

---

133) 智儼, 『佛說金剛般若波羅蜜經略疏』 卷下, (大正藏33, pp.247上6 - 250下
    25) "爾時 須菩提白佛言 世尊 云何菩薩發阿耨多羅三藐三菩提心 云何
    住 云何修行 云何降伏其心 … 須菩提 菩薩發阿耨多羅三藐三菩提心者
    於一切法 應如是知 如是見 如是信 如是不住法相 何以故 須菩提 所言
    法相法相者 如來說卽非法相 是名法相 須菩提 若有菩薩摩訶薩以滿無
    量阿僧祇世界七寶 持用布施 若有善男子善女人發菩薩心者 於此般若波
    羅蜜經 乃至 四句偈等 受持讀誦爲他人說 其福勝彼無量阿僧祇"

134) 敎로서 文字般若에 해당한다.

135) 理로서 實相般若에 해당한다.

136) 行으로서 觀照般若에 해당한다.

137) 첫째의 해석분에서는 보고 듣는 감각의 차원[見聞]을 가지고 설명한 것이
    었다. 그러나 지금 여기 둘째의 해석분은 자세히 관찰하는 마음의 차원[成
    觀]을 가지고 설명한 것이다.

곧 "부처님께서 수보리에게 말씀하셨다. 모든 보살마하살은 마땅히 다음과 같이 번뇌의 마음을 다스려야 한다. 존재하는 일체중생의 부류인 난생·태생·습생·화생·유색·무색·유상·무상·비유상비무상 등을"의 부분은 廣大心에 해당하는 것으로 간주한다.

다음 "내가 모든 중생으로 하여금 무여열반에 들도록 하겠다."는 부분은 第一心으로 간주한다.

그 다음 "이와 같이 무량하고 무수하며 무변한 중생을 멸도하지만"이라는 부분은 常心으로 간주한다.

"왜냐하면 수보리야, 만약 보살에게 중생상이 있으면" 이란 부분은 그 心이 不顚倒心으로 간주하는데 이 네 가지 心을 내는 까닭은 심심한 공덕이 만족된 것을 드러내기 위한 것이다. 그런데 이 가운데 不顚倒心을 제외한 廣大心과 常心과 第一義心의 세 가지는 모두 發菩提心에 해당된다는 것이다.

다음으로 "수보리야, 어떻게 생각하느냐. 동방의 허공을 헤아릴 수 있겠느냐. ···." 부분은 반야의 德과 用을 설명한 것으로 파악한다.

곧 "수보리야, 어떻게 생각하느냐. 동방의 허공을 헤아릴 수 있겠느냐. ···." 부분은 3종반야의 德과 用의 분량을 설

---

138) 4종심은 발심한 보살이 지녀야 하는 네 가지 心으로 應云何住에 대한 구체적인 설명으로 등장해 있다. 天親, 『金剛般若波羅蜜經論』 卷上, (大正藏25, pp.781下 – 782上)

명한 것[139)으로 보고 있다.

다음 "수보리야, 가히 상의 성취를 통해서 ⋯." 부분은 德과 用의 離相을 설명한 것이다.[140) 그리고 "수보리가 부처님께 말씀드렸다. 세존이시여, ⋯." 부분이다. 이것은 3종반야의 德과 用의 공능을 드러낸 것[141)에 해당한다.

다음 "수보리야, 이 모든 보살은 다음과 같은 무량한 복덕을 낸다. ⋯ 만약 이 경전이 소재하는 곳이면 그 곳은 곧 부처님이 계시는 곳이다. 따라서 그 곳은 부처님처럼 존중을 받는다." 부분은 3종반야의 甚深을 드러낸 것[142)으로 3종반야의 덕과 용이 더욱더 승화되어 있다.

그리고 正宗分 가운데 세 번째에 해당하는 究竟分은 경문의 전체 내용을 결론짓는 대목[143)으로 파악한 점은 경문의 중심을 어디까지나 정종분에 두고 있음을 보여준다. 곧 보살로서 아뇩다라삼먁삼보리의 마음을 내는 자는 일체법에 대하여 마땅히 이와 같이 알고 이와 같이 보며 이와 같이 믿고 이와 같이 법상에 주해서는 안 된다[144)는 부분을 들어 경문의 大意에 대한 결론으로 삼고 있다.

---

139) 智儼, 『佛說金剛般若波羅蜜經略疏』 卷上, (大正藏33, p.241下9 - 14)

140) 智儼, 『佛說金剛般若波羅蜜經略疏』 卷上, (大正藏33, p.241下19 - 23)

141) 智儼, 『佛說金剛般若波羅蜜經略疏』 卷上, (大正藏33, p.242上1 - 13)

142) 智儼, 『佛說金剛般若波羅蜜經略疏』 卷上, (大正藏33, pp.242中4 - 244下11)

143) 智儼, 『佛說金剛般若波羅蜜經略疏』 卷下, (大正藏33, pp.250下20 - 251上3)

144) 이 대목은 解釋分의 결론부분을 인용하여 경문 전체의 결론으로 제시한 것이기 때문에 解釋分의 마지막 대목과 중복된다. 智儼, 『佛說金剛般若波羅蜜經略疏』 卷下, (大正藏33, p.250下18 - 20) "須菩提 菩薩發阿耨多羅三藐三菩提心者 於一切法 應如是知 如是見 如是信 如是不住法相"

4. 결 어

기존의 한역 금강경에 대한 분과는 다양하게 전개되어 왔다. 가장 보편적으로 알려져 있는 소명태자의 32분과를 비롯하여, 전체를 질문과 답변에 대한 것으로 간주하는 천친의 27斷疑, 무착의 7種義句와 18住, 前周와 後周의 2주 분과 등 다양했다. 이에 비교하여 지엄이 『금강반야바라밀경약소』를 통해서 드러내려고 한 것은 곧 實相般若 · 觀照般若 · 文字般若(方便般若)의 본질에 대해서는 體와 德으로 설명을 하였고, 나아가서 그 수행의 입장에서는 3종반야의 體와 相에 대하여 설명을 하였다는 점이 특이하다. 이것은 경문의 내용을 반야의 본질과 수행으로 구분하고 있음을 시사한다.

때문에 그 體에 대하여 수보리의 네 가지 질문을 각각 發菩提心을 경문의 전체적인 대의로 간주하여 이와 같이 알고[如是知], 實相般若를 應云何住로 간주하여 이와 같이 보며[如是見], 觀照般若를 云何修行으로 간주하여 이와 같이 믿고[如是信], 文字般若를 云何降伏其心으로 간주하여 이와 같이 법상에 주해서는 안 된다[如是不住法相]는 것에 각각 배대하였던 것이다. 특히 宗趣에 대해서는 작용에 실상 · 문자 · 관조의 3종반야를 각각 理와 敎와 行

의 세 가지 뜻으로 파악하고 자세하게 다섯 가지로 설명하였다. 첫째는 敎와 義의 상대이다. 이것은 敎를 宗으로 삼고 그 義로써 종취를 삼는 것이다. 둘째는 因과 果의 상대이다. 이것은 因으로 宗을 삼고 果를 가지고[用] 종취를 삼는 것이다. 셋째는 人과 法의 상대이다. 이것은 法을 가지고[用] 宗을 삼고 人으로 종취를 삼는다. 왜냐하면 법에 의거하여 성불하기 때문이다. 넷째는 理와 事의 상대이다. 이것은 理로써 宗을 삼고 事를 가지고[用] 종취를 삼는다. 다섯째는 境과 行의 상대이다. 이것은 境으로써 宗을 삼고 行으로 종취를 삼는다. 왜냐하면 敎를 성취하려면 그 行이 필요하기 때문이다.

그리고 能詮의 敎體에 대해서는 만약 일승으로 보자면 유식의 진여를 敎體로 삼고 있다. 왜냐하면 그것은 분별지로는 알 수 있는 바가 아니기 때문이라는 것이다.

이를 바탕으로 그 실천적인 수행의 측면에서는 3종반야의 德과 用에 대해서는 경문에서 갖가지 비유를 중심으로 반야지혜의 덕과 용이 재물보시 및 신명보시보다 뛰어나다는 것을 설명하였다. 이 가운데서도 지엄은 수행의 본질을 信으로 간주하고 있다. 그 信의 구체적인 모습을 법문 내지 사구게 등을 설하거나 이 경전을 모두 受하거나 持하거나 讀하거나 誦하는 것으로 보았다. 나아가서 구체적으로 그 信相의 성취를 열두 가지로 나타낸다. 하나는 복덕이 무변하고, 둘은 복덕이 작지 않으며, 셋은 聖智見에 올라 加持하고, 넷은 무변한 공덕을 성취하며, 다섯은 大果의 因을 성취하고, 여섯은 소승의 경계가 아니며, 일곱은 범부인이 알 수 있는 바가 아니고, 여덟은 많은 공양에 감응하며, 아홉은 처소의 뛰어남을 성취하고, 열은 공경공양으로 복덕을 얻으며, 열 하나는 삼세의 죄업을 소멸하고, 열 둘은 마땅히 보리를 얻게 된다는 것이다.

그리고 信은 형상을 초월해 있다는 離相을 들어 그러한 상태를 如來의 속성으로 보았다. 그리고 信의 구체적인 수행형태는 대승에서 발보리심하는 것을 열 가지로 언급하였다. 하나는 佛果를 끝까지 추구하고, 둘은 법계를 끝까지 드러내며, 셋은 수행을 끝까지 설명하고, 넷은 3종장애를 끝까지 끊어버리며, 다섯은 중생을 끝까지 제도하고, 여섯은 선지식을 끝까지 추구하며, 일곱은 그 善願을 끝까지 성취하고, 여덟은 發心位를 끝까지 頓發하며, 아홉은 인과를 끝까지 善應하고, 열은 모든 功相을 성취하여 자재하게 득입할 때까지 끝까지 궁구하는 것이다. 이와 같은 수행의 형태는 직접적으로는 대승경전을 受하거나 持하거나 讀하거나 誦하는 聞慧를 예로 들었다. 이와 같은 지엄의 견해는 信을 바탕으로 하는 3종반야 수행의 體와 德과 相의 분과로 나타나 있다.

김호귀 ─────────────────────────────
[kimhogui@hanmail.net]

▌약력

동국대 선학과 졸업
동국대 선학과 석사, 박사 졸업
동국대 강사
동국대 불교문화연구원 연구교수

▌주요 저서

『계송으로 풀이한 금강경』, 『금강경찬술』, 『금강경주해』, 『금강반야경소』,
『열반경종요』, 『선가귀감』, 『현대와 선』, 『묵조선 입문』, 『묵조선의 이론과 실제』,
『묵조선연구』, 『선문답의 세계』, 『선문답 강화』, 『조동선요』, 『화두와 좌선』,
『선좌 수행』

금강경 약소

초판인쇄 | 2010년 1월 4일
초판발행 | 2010년 1월 4일

옮긴이 | 김호귀
펴낸이 | 채종준
펴낸곳 | 한국학술정보㈜
주 소 | 경기도 파주시 교하읍 문발리 파주출판문화정보산업단지 513-5
전 화 | 031) 908-3181(대표)
팩 스 | 031) 908-3189
홈페이지 | http://www.kstudy.com
E-mail | 출판사업부 publish@kstudy.com
등 록 | 제일산-115호(2000. 6. 19)

ISBN   978-89-268-0664-7 03220 (Paper Book)
        978-89-268-0665-4 08220 (e-Book)

이담
Books 는 한국학술정보(주)의 지식실용서 브랜드입니다.